Mi planner de ENERGÍA

El papel utilizado para la impresión de este libro ha sido fabricado a partir de madera procedente de bosques y plantaciones gestionadas con los más altos estándares ambientales, garantizando una explotación de los recursos sostenible con el medio ambiente y beneficiosa para las personas.

Penguin Random House Grupo Editorial

Mi planner de energía
Cómo vencer el cansancio y reencontrar el bienestar

Título original: *My energy planner. Come vincere la stanchezza e ritrovare il benessere*

Primera edición: septiembre, 2023

ISBN: 978-607-383-454-4

Impreso en México – *Printed in Mexico*

Elena Meli

Mi planner de ENERGÍA

Cómo vencer el CANSANCIO y reencontrar el BIENESTAR

AGUILAR

ÍNDICE

EN BUSCA DE LA ENERGÍA PERDIDA

Cansado, agotado, sin energía. Cuando suena el despertador por la mañana, tan solo levantarte de la cama parece toda una hazaña, pero luego viene lo difícil: tienes que arrastrarte hasta el trabajo con los párpados pesados, aguantar todo el día de ocupaciones en la oficina y luego arreglártelas para hacer frente también a las tareas familiares. Después de comer, las ganas de echarte una siesta y al menos descansar un momento son abrumadoras, pero no puedes. Y cuando llega el momento de ir al gimnasio o de ir de compras, de llevar a los niños a sus actividades deportivas o de cocinar, lo único que en verdad quieres es meterte debajo de las sábanas, apagar la luz y dormir hasta el fin de los tiempos.

LA EPIDEMIA DE LOS QUE VIVEN CANSADOS

Bienvenido a la vida de la mayoría de la población actual: la fatiga crónica es la compañera constante de los días de muchos, en especial de las mujeres, que, según una encuesta realizada recientemente en Australia, sienten que, seis de cada diez días, no tienen energía suficiente para realizar sus tareas cotidianas. (A los hombres no les va mucho mejor, ya que admiten sentirse extenuados cinco de cada diez días…). En resumen, estamos en medio de una "crisis de energía humana" y las razones de esta epidemia de los que viven cansados son muchas: por ejemplo, saturamos nuestros días con innumerables compromisos y vivimos en una cultura del rendimiento, de modo que **si no tenemos las horas llenas de actividades, a veces ni siquiera sentimos que realmente estamos viviendo**; como consecuencia arrastramos una falta crónica de descanso, porque para poder cumplir con todo, dormimos mucho menos de lo que deberíamos.

A menudo, es un estilo de vida equivocado el que drena nuestra energía y nos impide recuperarla, debido, por ejemplo, a hábitos alimenticios mal encausados, a una actividad física escasa o, por el contrario, excesiva; ¿y qué decir de una actitud mental inquieta que "chupa" energía, dejándonos exhaustos como si hubiéramos escalado una montaña cada día? ¿O el estrés crónico, que puede ser consecuencia del exceso de trabajo, pero también de relaciones tóxicas? Por no hablar de la fatiga que es consecuencia de enfermedades orgánicas específicas o de terapias farmacológicas. En resumen, el cansancio puede depender de muchas causas, pero no todo el cansancio es igual, entonces ¿qué se entiende por falta de energía?

¿ES CANSANCIO REAL?

En efecto, cualquiera puede sentirse un poco decaído después de un duro día de trabajo, pero si tras una buena noche de sueño vuelves a ser capaz de afrontar la vida con entusiasmo, no tienes de qué preocuparte. Lo mismo ocurre si estás objetivamente exhausto tras una mudanza, por ejemplo, o si tuviste una semana emocionalmente difícil o si atraviesas un periodo en el que tienes que hacer frente a más compromisos de lo habitual. Otra cosa es que el cansancio acompañe tus horas un día tras otro sin que haya ninguna razón objetiva para que estés "agotado", para que te sientas somnoliento todo el tiempo y que nunca tengas la sensación de estar *descansado*, que tu rendimiento también empiece a resentirse y se deteriore tu productividad laboral, social, física, o que parezca que has perdido toda motivación. En estos casos, merece la pena investigar más a fondo el cansancio para averiguar si es solo físico o emocional, porque la astenia (este es el término médico para la falta de energía) suele subestimarse, pero **puede llegar a ser una seria amenaza para el bienestar** y tener un gran impacto en la vida cotidiana. La somnolencia, por ejemplo, es un riesgo al volante (se calcula que causa hasta uno de cada cinco accidentes de tránsito), mientras que la falta de concentración y la sensación de tener la mente envuelta en una niebla —típica de cuando sentimos que nuestra energía está baja— pueden llevarnos a cometer errores en el trabajo o en la vida cotidiana; además, dado que, como ya he dicho, la fatiga puede ser un síntoma de muchas enfermedades, desde la celiaquía hasta la anemia, pasando por el hipotiroidismo o el síndrome de fatiga crónica, descuidarla puede retrasar el diagnóstico de problemas de salud que requieran tratamientos específicos para evitar repercusiones que podríamos calificar, incluso, de graves.

TANQUE LLENO DE ENERGÍA, POR FAVOR

El primer paso para volver a enfrentar al mundo con una actitud más asertiva es preguntarte si en verdad estás cansado y en qué medida, o si el bajón de energía está afectando tu rutina diaria. En pocas palabras, debes aprender a conocer tu propio cansancio: algunas personas se levantan por la mañana ya agotadas; otras empiezan el día con el "tanque lleno" de energía, pero pronto recurren al "combustible de reserva"; hay quienes experimentan una sensación más vaga pero persistente de apatía o fatiga física. Una vez que comprendes esto, puedes intentar cambiar el ritmo tratando de incidir en los múltiples factores que contribuyen a drenar tu energía: este planner se creó precisamente para que conozcas todas las múltiples caras del "enemigo", pero sobre todo para **ofrecerte sugerencias y consejos que te ayuden a cambiar tus hábitos y a recargar tu energía cada día**, con ello recuperarás un estilo de vida más saludable y alcanzarás un mayor bienestar. No hace falta que pongas tu vida de cabeza. A veces, errores triviales que puedes remediar en un abrir y cerrar de ojos son los que te agotan las pilas. Un planner que te acompañe en las pequeñas acciones diarias antifatiga, que te ayude a llevar la cuenta de tus progresos y a que seas consciente de todo aquello que "chupa" tu energía puede ser, por tanto, una estrategia ganadora para recuperar la energía perdida paso a pasito, casi sin que te des cuenta.

CONOCE TU CANSANCIO

Antes de iniciar este viaje para reponer energías, es importante que comprendas mejor si estás "agotado" y en qué medida. Para ello, haremos dos pruebas. Para "medir" el descenso de energía y comprender hasta qué punto está afectando tu vida, responde las siguientes preguntas.

PRUEBA 1

¿ES CANSANCIO REAL?

	rara vez	a veces	con frecuencia
1. ¿Te cuesta despertarte por las mañanas?	☐	☐	☐
2. ¿Te cuesta conciliar el sueño por la noche?	☐	☐	☐
3. ¿Te cansas con facilidad?	☐	☐	☐
4. ¿Te sientes cansado todo el día?	☐	☐	☐
5. ¿Problemas de concentración?	☐	☐	☐
6. ¿Sientes tu mente nublada, confusa, apenas operante o dispersa?	☐	☐	☐
7. ¿Estás irritable o enfadado sin motivo aparente?	☐	☐	☐
8. ¿Tu estado de ánimo mejora y empeora sin razón aparente?	☐	☐	☐
9. Cuando te sientes cansado, ¿también sientes menos motivación/deseo de hacer cosas cotidianas o cosas novedosas?	☐	☐	☐
10. ¿Te cuesta emprender nuevos proyectos/actividades?	☐	☐	☐
11. ¿Sientes que el cansancio limita tu vida o te causa problemas?	☐	☐	☐

	rara vez	a veces	con frecuencia
12. ¿La falta de energía interfiere en tu capacidad para completar tareas/actividades?	☐	☐	☐
13. ¿La fatiga interfiere en tu rendimiento físico?	☐	☐	☐
14. ¿Experimentas una prolongada sensación de fatiga después de hacer ejercicio?	☐	☐	☐
15. ¿La falta de energía compromete tu trabajo, tus relaciones sociales, tu vida familiar?	☐	☐	☐
16. ¿El cansancio te impide participar en actividades con amigos o familiares?	☐	☐	☐
17. ¿Te sientes tan cansado que eso también afecta tu vida sexual?	☐	☐	☐
18. ¿Consideras que el cansancio es una de las dolencias más impactantes y más "debilitantes" de tu vida diaria?	☐	☐	☐
19. ¿Es la fatiga una causa de estrés o malestar?	☐	☐	☐
20. ¿La falta de energía también afecta tu autocuidado? Por ejemplo, ¿qué tan frecuente es que no tengas ánimos para asearte o arreglarte?	☐	☐	☐

Si has respondido "con frecuencia" a 4 o más preguntas o "a veces" a 8 o más preguntas, necesitas recuperar la energía, porque el cansancio está afectando cómo te sientes, tu comportamiento, tu actitud ante la vida e incluso tu rendimiento. Si no tomas medidas, es probable que el agotamiento tenga un efecto negativo en tu salud física y emocional en un futuro próximo.

Si has respondido "casi nunca" a la mayoría de las preguntas, es posible que no estés en la "zona roja" y que tus pilas aún no estén completamente agotadas, pero siempre puedes mejorar y aumentar la energía con la que afrontas la vida.

Advertencia
Si has respondido "rara vez" a todas las preguntas... ¿estás seguro de haber respondido con la verdad?

Con frecuencia, intentamos ajustarnos a modelos que nos exigen mostrarnos llenos de vida: basta con abrir las redes sociales para sentirse abrumado por fotografías y videos de personas que parecen poder hacerlo todo y tener energía de sobra, pero conviene recordar que lo que se publica en las redes sociales no siempre es la vida real.

Es natural y humano sentir "bajones", al menos de vez en cuando: el cansancio es una señal que nos indica que necesitamos recuperarnos, así que debemos permitirnos experimentarlo. También porque mientras pretendemos tener siempre mucha energía (lo que de por sí es emocionalmente agotador, admitámoslo) podemos acabar consumiendo realmente nuestros recursos. ¿El resultado? Un doloroso "ruido sordo" cuando decidimos por fin mirarnos al espejo y descubrir que sí, que estamos cansados.

PRUEBA 2

¿QUÉ TE AGOTA?

Conocer la propia fatiga también significa evaluar cuáles pueden ser, en tu caso particular, los elementos que más contribuyen a extenuarte.

Este planner de energía te ayudará a encontrar formas de tratarlos uno por uno, pero ten en cuenta que algunas personas tendrán que centrarse más en la dieta y otras en sus hábitos de sueño, habrá quien se beneficiará más si modifica su actividad física y quien deba fijarse en la calidad de sus relaciones.

Esta prueba es entonces el medio para saber hacia dónde apuntar para subir tu energía.

1. ¿Cuándo te sientes más cansado?
A. Por la mañana
B. A mediodía
C. Hacia el atardecer
D. Después de cenar

2. ¿Cuál de estas descripciones se ajusta más a ti?
A. Al despertar ya estoy cansado
B. Me cuesta conciliar el sueño o me despierto al amanecer
C. Dedico menos horas a dormir de las que debería
D. Duermo sin problemas, satisfactoriamente

3. Hablando de comida...
A. No puedo resistir la tentación, dulce o salada
B. Me encantan los carbohidratos: pizza, pasta, pan...
C. No puedo renunciar a la carne y a la comida casera
D. Elijo alimentos sanos y ligeros, desde verduras a proteínas

4. ¿Cuál es tu nivel de estrés?
A. Siempre al máximo: los compromisos y las responsabilidades me abruman
B. Medio-alto, con algunos momentos de alivio
C. Medio-bajo, con algunos momentos de irritación o sobrecarga emocional
D. Aparte de algunos episodios aislados, está bajo control

5. ¿Cómo manejas el estrés?
A. Mal: ¡me domina y aunque lo intente no puedo hacer nada!
B. Depende de los momentos: a veces bien, pero a veces me abruma
C. Con el tiempo he aprendido a que no me rebase y a entender cuándo es realmente apropiado asumirlo
D. Bien: puedo controlarlo, poner las cosas en perspectiva, y siempre logro encontrar tiempo para relajarme y respirar un poco

6. ¿Haces ejercicio?
A. Poco o nada
B. Moderadamente: intento dar algunos paseos, sin esfuerzo
C. Nunca podría vivir sin hacer deporte: entreno a menudo y con gran intensidad
D. Hago ejercicio regularmente, pero sin excesos

7. ¿Qué es lo que mejor describe tu relación con los demás?
A. Me gusta estar casi siempre solo
B. Mantengo buenas relaciones con familiares cercanos, pero me resulta difícil forjar amistades

C. Tengo amigos de confianza que se pueden contar con los dedos de una mano, pero para mí son como de la familia
D. Me gusta pasar tiempo con los demás y conocer a gente diferente, aunque las personas que más me importan son un grupo reducido

8. **¿Cómo pasas tu tiempo libre?**
A. Casi no tengo tiempo libre: siempre debo ponerme al día con tareas pendientes
B. Intento recuperarme del cansancio del día o del resto de la semana
C. Intento no pensar en mis compromisos, pero no siempre lo consigo
D. Me dedico a mis pasiones, familia o amigos

9. **¿Cuál de estas descripciones se ajusta más ti?**
A. Tengo adicción al café y al té, bebo varias tazas al día
B. Me encantan los refrescos y las bebidas ricas en azúcar
C. ¡Vivo para beber!
D. Intento beber al menos 8 vasos de agua al día, y me hidrato de forma regular

10. **¿Qué es lo que mejor describe cómo gestionas tu salud?**
A. No hago mucho, si surge algún problema ya lo resolveré
B. Creo que soy hipocondríaco, ¡me siento mal todo el tiempo!
C. No me atiendo tanto como debería para mantenerme bajo control, pero tampoco tengo factores de riesgo específicos
D. Intento seguir las recomendaciones del médico en cuanto a revisiones y chequeos, en caso de síntomas se los comento

Las respuestas "A" son las señales de alarma: las preguntas a las que respondiste así identifican las áreas en las que estás perdiendo más energía y aquellas en las que necesitas esforzarte más para cambiar algo.

Las respuestas "B" y "C" son las que indican que estás viviendo al límite: si has respondido así, es bueno que intentes hacer una "revisión" de tu estilo de vida antes de que se te agoten por completo las pilas.

Las respuestas "D" indican que consigues llevar tu vida, por muy cansado que te sientas, sin que la pérdida de energía la afecte seriamente (aunque siempre puedes aprender nuevas estrategias para sentirte mejor).

CÓMO USAR ESTE PLANNER

Llegados a este punto, ya estás preparado para utilizar tu planner de energía. Ya averiguaste si tus pilas están realmente bajas y también has empezado a ser capaz de adivinar qué factores drenan la mayor parte de tu energía. Ha llegado el momento de ponerte a prueba.

Para recuperar la energía sin desfallecer, este planner está organizado en cinco pasos progresivos, con un grado de "dificultad" creciente: poco a poco, casi sin darte cuenta, aprenderás a poner en práctica pequeños trucos que te aportarán nuevas energías.

Cada uno de los cinco pasos corresponde a una sección en la que encontrarás información detallada y orientación para cada una de estas áreas de "acción", en las que puedes y debes esforzarte por mejorar.

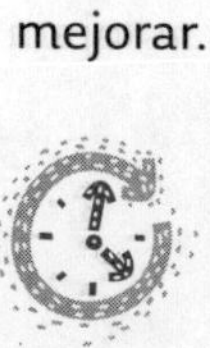

ENCUENTRA EL RITMO CORRECTO: en esta sección aprenderás porqué seguir tu biorritmo es crucial para sentirte bien, por qué no hacerlo puede fatigarte y cómo encontrar tu ritmo natural.

LA DIETA QUE DA EL *SPRINT*: aquí verás que puedes hacer mucho en la mesa para recuperar tu energía, porque es de la comida de donde sacas la energía que necesitas para vivir tus días al máximo.

SUEÑO Y RELAJACIÓN PARA RECUPERARSE: dormir, pero también relajarte, no es tiempo perdido, al contrario. Aprende cómo y cuándo satisfacer tu necesidad de descanso y tendrás la energía adecuada justo cuando la necesites.

CONTRA EL CANSANCIO, ¡MUÉVETE!: no es una paradoja, si te cansas en los entrenamientos no te agotas, ¡al contrario! Descubre aquí todas las actividades que te dan energía.

CUIDA DE TI: quererte, perdonarte los malos momentos y aprender a mimarte es importante para recargar las pilas: cuida de ti un poco cada día.

LADRONES DE ENERGÍA: ¿qué puede cansarte sin que te des cuenta? Aprende a reconocer todo lo que puede agotarte, a comprender si está en tu vida y a vencerlo.

También encontrarás retratos de “vampiros energéticos”, personas que te chupan la energía y que podrías conocer: no para que te “envenenen”, sino para reconocerlos y aprender a defenderte de ellos. Cada sección te habla de las características de cinco tipos distintos de “vampiros” chupadores de energía y ofrece consejos útiles para neutralizarlos.

En cada uno de los cinco pasos para recuperar la energía hay también dos pequeños capítulos extra, para profundizar y conocer mejor al “enemigo” cansancio y así aprender algunos trucos más para combatirlo en todos los frentes.

CANSANCIO. QUÉ DICE LA CIENCIA. En esta sección descubrirás por qué la fatiga no es toda igual o por qué son las mujeres quienes la padecen con más frecuencia, pero también aprenderás sobre el síndrome de fatiga crónica, en el que es la propia fatiga la que se convierte en enfermedad, o el cansancio del síndrome de covid prolongado, conocido popularmente como "covid largo" (*long-Covid*), que está afectando a tantos tras haber contraído la infección.

EL "REFORZADOR ESPECIAL". Aquí encontrarás el consejo extra que no esperabas: un potenciador antifatiga inusual, algo en lo que no habías pensado y que podría darle la vuelta a tu día. Un *plus* para recargar las pilas de verdad.

Y AHORA, PONTE A PRUEBA

Después de cada una de las cinco secciones sobre los pasos para recuperar la energía, encontrarás unas páginas de diario para rellenar, que te ayudarán a comprobar si has conseguido llenar tu tanque de energía.

Todos los días, por la noche, dedica unos minutos a hacer balance de la jornada transcurrida y comprueba si has puesto en práctica los consejos sugeridos, si algo te ha quitado energía o te ha dado mucha: será una forma útil y entretenida de conocer mejor las reacciones de tu cuerpo y de tu mente, de aprender a gestionar tu energía y no entrar en reserva, de combatir la fatiga aprendiendo de los errores y de encontrar los mejores "antídotos" para tu caso.

¡ES EL MOMENTO DE RECUPERAR EL IMPULSO!

PASO 1

inicia poco a poco

Encuentra el
Ritmo correcto

El cuerpo es como una orquesta: cada órgano, tejido y célula toca su propia partitura, pero debe ir al ritmo con los demás "instrumentos" para que la música no se convierta en una cacofonía. Solo así todo funciona bien y, sobre todo, con plenitud: **seguir el ritmo adecuado del cuerpo** nos ayuda a no engordar, a entrenar los músculos de forma más eficiente, a estar realmente concentrados cuando tenemos que estudiar o trabajar y también a contar con más energía, a sentirnos menos cansados precisamente porque mimamos el cuerpo y lo "escuchamos" más.

El principal reloj biológico que actúa como director de orquesta de todas nuestras funciones se encuentra en el cerebro, en el hipotálamo, y es regulado principalmente por el ciclo luz-oscuridad; luego cada órgano y aparato tiene su **propio ciclo de actividad y descanso que hay que respetar para estar bien**. Si alteramos el reloj principal cambiando el día por la noche, todos los sistemas se vuelven locos, pero también cuando los relojes secundarios de los demás órganos cambian de ritmo tenemos problemas porque es como si uno de los instrumentos de la orquesta desafinara. Cada sistema tiene un mínimo y un máximo en las 24 horas: por tanto, hay que intentar ajustarse al ritmo biológico comiendo, durmiendo, entrenando en el "momento adecuado".

Cuando nada parece explicar la sensación de pereza a primera hora de la mañana, es probable que la culpa la tenga un estilo de vida que no armoniza con el ritmo del reloj biológico: el cansancio sin otra causa aparente puede deberse a una alteración de los ritmos circadianos, sin que exista, por ejemplo, un déficit de sueño.

LAS FASES DE TU DÍA

En general, la jornada debe organizarse así para que "funcione" lo mejor posible.

La mañana está cargada de energía

Apenas te levantes, di sí al ejercicio: moverte antes de desayunar te ayuda a quemar grasa, y más si llegas con hambre al desayuno, la comida principal del día, que sirve para aportar energía al cuerpo cuando más la necesitas, porque se quemará con las actividades diarias y no se almacenará en forma de kilos de más. Luego, **a media mañana,** el cerebro trabaja bien y con facilidad: es el pico de productividad porque entre las 9 y las 11 de la mañana la memoria a corto plazo, la atención, la exactitud, la precisión de los movimientos están en su punto más alto: es el momento propicio para el aprendizaje y el trabajo concentrado.

Tómate una pausa

Después de comer, en cambio, es inevitable una fase de "bajón", aunque comas poco o te saltes el almuerzo: el organismo entra en una pausa y sentir un poco de cansancio o pesadez de párpados es bastante normal. Si en esta fase te concedes una siesta (no más de veinte minutos o podrías alterar tus ritmos de sueño-vigilia), esto puede ayudarte a recuperarte mejor.

Trabaja y ¡muévete!

Entre las 3 y 4 de la tarde se produce, de hecho, un pico en la capacidad de memoria a largo plazo y, por tanto, es un buen momento para organizar el trabajo, sedimentar y retener información, estudiar.

Luego, **a última hora de la tarde**, puedes volver al gimnasio porque tu coordinación, tu función cardiovascular y tus músculos están en su punto más alto y, poco a poco, tu temperatura corporal aumenta, y alcanza su punto máximo hacia las 6-7 de la tarde. Después de esa hora, es mejor no hacer ejercicio o corres el riesgo de obstruir la producción de melatonina, la hormona del descanso, que comienza alrededor de las 9 de la noche.

La hora de descanso

A la hora de cenar, es normal estar cansado, el metabolismo desciende y uno se prepara para el pequeño "letargo" diario del sueño: el cuerpo empieza a apagarse lentamente y es bueno acompañarlo, porque activar la máquina cuando debería estar apagada significa alterar delicados equilibrios.

Picar algo por la noche, trasnochar, exponerte a la luz artificial altera los ciclos y obliga al organismo a realizar actividades antinaturales y desincronizadas.

En la oscuridad, por ejemplo, el sistema digestivo no está preparado para recibir la energía de los alimentos y, por tanto, no es el momento de comer porque las hormonas de la saciedad funcionan menos por la noche, el hígado no puede manejar bien las grasas y no se utiliza la energía del azúcar.

Como resultado, sin duda, acabaríamos engordando sin obtener ni un gramo de energía extra.

BÚHOS Y ALONDRAS

Todo esto es cierto en general, pero cada uno de nosotros tiene su propio ritmo que puede desentonar con la norma. De hecho, hay quienes son búhos y tienen su pico de eficiencia por la tarde: si no tienen compromisos y horarios, trasnochan y se despiertan tarde, y por las mañanas se despiertan con sueño y se sienten más cansados, pero son más receptivos y enérgicos por la tarde. La tendencia puede ser más o menos pronunciada**, pero quienes tienen este ritmo resisten mejor la fatiga por la noche** y pueden tener más dificultades por la mañana. En el lado opuesto está la alondra, que, por el contrario, es más eficiente por la mañana: le gusta acostarse pronto y poner el despertador al amanecer, tiene un pico de temperatura corporal más temprano y está más cansada por la tarde. No le pidas a una alondra hacer un trabajo exigente por la tarde porque su fatiga mental es más pronunciada.

Saber qué tipo de ave eres no es poca cosa al momento de recargar el tanque de energía: sirve para organizar tus días viviendo más en sintonía con las necesidades de tu cuerpo y para que, de este modo, te encuentres naturalmente más descansado y eficiente. Un búho puede arreglárselas para trabajar más por la tarde, si quiere hacer ejercicio al máximo tendrá que ir al gimnasio después de la oficina; para una alondra, **luchar contra la somnolencia por la noche es una causa perdida**. A veces basta con cambiar la hora de la cena y hacer un poco de ejercicio para sentirse de inmediato con más energía.

Saber si eres un búho o una alondra es sencillo, solo tienes que responder a las preguntas del Cuestionario matutino y vespertino desarrollado por el *Center for Environmental Therapeutics* de Nueva York. Los números entre paréntesis que preceden a la respuesta deben sumarse al final para obtener el resultado.

PRUEBA del CRONOTIPO

¿ERES BÚHO O ALONDRA?

1. Si tuvieras total libertad para planificar tu día, ¿a qué hora preferirías levantarte, más o menos?

[5] Entre las 5:00 y las 6:30
[4] Entre las 6:30 y las 7:45
[3] Entre las 7:45 y las 9:45
[2] Entre las 9:45 y las 11:00 horas
[1] Entre las 11 de la mañana y el mediodía

2. Si tuvieras total libertad para planificar tu noche, ¿a qué hora preferirías irte a la cama, más o menos?

[5] Entre las 20:00 y las 21 horas
[4] Entre las 21:00 y las 22:15 horas
[3] Entre las 22:15 y las 00:30 horas
[2] Entre las 00:30 y las 1:45 am
[1] Entre la 1:45 y las 3:00 de la madrugada

3. Si normalmente tienes que levantarte a una hora determinada por la mañana, ¿realmente necesitas oír el despertador para despertarte?

[4] En absoluto
[3] Poco
[2] Bastante
[1] Mucho

4. Normalmente, cuando no te despiertan de forma inesperada, ¿te resulta fácil o difícil levantarte por la mañana?

[1] Muy difícil
[2] Bastante difícil
[3] Bastante fácil
[4] Fácil

5. Por la mañana, en la primera media hora después de despertarte, ¿qué tan despierto te sientes?

[1] Nada
[2] Poco
[3] Bastante
[4] Mucho

6. En la primera media hora después de despertarte, ¿tienes hambre?

[1] Nada
[2] Poca
[3] Bastante
[4] Mucha

7. ¿Cómo te sientes en la primera media hora después de despertarte?

[1] Muy cansado
[2] Bastante cansado
[3] Bastante descansado
[4] Muy descansado

8. En comparación con la hora a la que te acuestas habitualmente, ¿a qué hora te acostarías si no tuvieras planes para el día siguiente?

[4] Nunca (o casi nunca) más tarde de lo habitual
[3] Menos de una hora después
[2] Una o dos horas más tarde
[1] Más de dos horas después

9. Has decidido hacer ejercicio con una amiga, una hora dos veces por semana. Tu amiga está disponible de 7:00 a 8:00 de la mañana. Teniendo en cuenta tu ritmo, ¿cómo te las arreglarás?

[4] Estaré en buena forma
[3] Estaré en forma
[2] Será difícil
[1] Será muy difícil

10. Por la noche, ¿a qué hora más o menos te sientes cansado y necesitas dormir?

[5] Entre las 20:00 y las 21:00 horas
[4] Entre las 21:00 y las 22:15 horas
[3] Entre las 22:15 y las 00:45 horas
[2] Entre las 00:45 y las 2 am
[1] Entre las 2:00 y las 3:00 de la madrugada

11. Tienes que hacer un examen que durará dos horas: sabes que será mentalmente muy agotador y quieres estar en plena forma para hacerlo bien. Teniendo en cuenta tu ritmo, ¿qué hora elegirías para resolverlo?

[6] De 8:00 a 10:00 de la mañana
[4] De las 11:00 a las 13:00 horas
[2] De las 15:00 a las 17:00 horas
[0] De 7:00 a 9:00 pm

12. Si te acostaras a las 11 de la noche, ¿qué tan cansado estarías?

[0] En absoluto
[2] Un poco
[3] Bastante
[5] Mucho

13. Te has acostado unas horas más tarde de lo habitual, pero al día siguiente no tienes que levantarte a una hora concreta. ¿Qué vas a hacer?

[4] Me despertaré a la hora habitual y no volveré a dormirme

[3] Me despertaré a la hora habitual y luego me quedaré dormitando.

[2] Me despertaré a la hora habitual y luego me volveré a dormir.

[1] Me despertaré más tarde de lo habitual

14. Esta noche tienes que estar despierto para trabajar de 4:00 a 6:00 de la mañana. Al día siguiente no tienes compromisos. ¿Qué vas a hacer?

[1] No me acostaré hasta que haya terminado de trabajar

[2] Me echaré una siesta antes y después

[3] Primero dormiré bien y después haré una siesta

[4] Solo duermo antes del trabajo

15. Tienes que hacer dos horas de trabajo físicamente exigente y eres libre de planificar tu día. Teniendo en cuenta tu ritmo, ¿qué hora elegirías para realizarlo?

[4] De 8:00 a 10:00 de la mañana

[3] De 11:00 a 13:00 horas

[2] De 3:00 a 5:00 de la tarde

[1] De 7:00 a 9:00 de la noche

16. Has decidido hacer ejercicio con una amiga, una hora, dos veces por semana. Tu amiga está disponible de 10:00 a 11:00 de la noche. Teniendo en cuenta tu ritmo, ¿cómo te las arreglarás?

[1] Estaré en buena forma

[2] Estaré en forma

[3] Será duro

[4] Será muy difícil

17. Supongamos que puedes elegir tu horario de trabajo. Sabes que tienes que trabajar cinco horas al día, que la labor es interesante y que te pagan en función de lo que ganas. ¿A qué hora, más o menos, elegirías empezar a trabajar?

[5] Entre las 4:00 y las 8:00 de la mañana
[4] Entre las 8:00 y las 9:00 de la mañana
[3] Entre las 9:00 y las 14:00 horas
[2] Entre las 14:00 y las 17:00 horas
[1] Entre las 5:00 de la tarde y las 4:00 de la madrugada

18. ¿A qué hora del día, más o menos, te sientes mejor?

[5] Entre las 5:00 y las 8:00 de la mañana
[4] Entre las 8:00 y las 10:00 de la mañana
[3] Entre las 10:00 y las 17:00 horas
[2] Entre las 17:00 y las 22:00 horas
[1] Entre las 10 de la noche y las 5 de la madrugada

19. Hay tipos matutinos, que están más en forma por la mañana, y tipos vespertinos, que están más en forma por la tarde. ¿De qué tipo eres tú?

[6] Definitivamente una persona mañanera
[4] Más por la mañana que por la tarde
[2] Más de tarde que de mañana
[0] Definitivamente un tipo de tarde

Las puntuaciones oscilan entre 16 y 86.

Si has obtenido una puntuación **igual o inferior a 41, eres un búho**, mientras que una puntuación **igual o superior a 59 indica que eres una alondra.**

Las puntuaciones **entre 42 y 58 indican un tipo intermedio**, que puede seguir las indicaciones generales al momento de construir los horarios de su jornada-tipo.

Fuente: Terman M, Terman JS, 2008, Center for Environmental Therapeutics (www.cet.org).

LA DIETA QUE DA EL *SPRINT*

Cada mañana, literalmente, podemos empezar con el pie derecho con una buena carga de energía matutina: el desayuno es la comida más importante porque después del ayuno nocturno proporciona la "gasolina" necesaria para afrontar las horas siguientes. Resulta indispensable, si no queremos "entrar en reserva" desde temprano.

La primera regla es tomárselo con calma: empezar el día dedicando un rato a sentarse a la mesa es bueno para la mente, porque así nos tomamos un respiro antes de sumergirnos en las tareas cotidianas, pero también para el cuerpo. En efecto, desayunar sentado le aporta a tu organismo todos los nutrientes que necesita y es natural que no te excedas, porque **comer despacio ayuda a que pronto te sientas satisfecho** y a reducir así las calorías consumidas, lo que beneficia el control de tu peso.

Saltarse el desayuno o beber solo café es perjudicial para la salud porque, al no tener suficiente energía, nos entran ganas de comer alimentos calóricos y ricos en azúcar. Por ello, debemos sentarnos a la mesa y aprender a considerar la comida como un momento importante, para disfrutarla con calma: esto ayudará a convertirla en un buen hábito.

QUÉ PONER EN TU MESA

Empecemos por la buena noticia que puede convencer hasta al más reacio a sentarse a comer lo suficiente: la mañana es el momento adecuado para que te permitas romper con la norma porque, por ejemplo, sí puedes comer un pastel casero, ya que es posible quemar con mayor facilidad las calorías extra introducidas en el desayuno que las de un antojo nocturno, solo hay que hacer un poco más de ejercicio durante el resto del día.

UNA COMIDA COMPLETA. El desayuno "cuenta" tanto o más que la comida y la cena, por lo que debe contener todos los nutrientes: hidratos de carbono, proteínas, grasas (las buenas de los frutos secos son perfectas), minerales y vitaminas, para un aporte calórico de aproximadamente 20% del total de calorías diarias.

LOS CARBOHIDRATOS complejos del pan o las galletas, combinados con los simples de la miel y la mermelada, son la base ideal; de hecho, los azúcares no están prohibidos por la mañana, si no te excedes, porque son el combustible idóneo para el cerebro y los músculos, además de ser muy digeribles y, por tanto, no corres el riesgo de que empañen tu concentración en la oficina o en la escuela.

Un desayuno dulce también aumenta la producción de serotonina, el "neurotransmisor de la felicidad", que tiene un efecto calmante y antiestrés: quienes toman un desayuno equilibrado se sienten más realizados y de buen humor.

LAS PROTEÍNAS no pueden faltar y deben introducirse en todas las comidas, incluido el desayuno, porque tienen un gran poder saciante. "Permanecen" más tiempo en el estómago durante la fase de digestión, se absorben más lentamente y, por tanto, mantienen el apetito a raya durante más tiempo: pueden proceder de los productos lácteos, un alimento completo que contiene azúcares, proteínas y grasas, o de un poco de frutos secos o de una rebanada de jamón de vez en cuando.

En cambio, los desayunos totalmente proteicos al estilo anglosajón, con huevos, salchichas y tocino, son excepciones esporádicas, porque resultan muy desequilibrados.

LAS GRASAS no tienen por qué dar (demasiado) miedo, basta con elegir las "buenas": las de los frutos secos, pero también las del aceite si te gusta un desayuno salado con pan, aceite y jitomate. Las grasas son estupendas para aumentar la saciedad y aportar nutrientes esenciales para el bienestar del cuerpo y la mente (no olvidemos que figuran entre los constituyentes básicos de las membranas celulares y el cerebro y los nervios las necesitan mucho).

¿LECHE SÍ O NO? Mucha gente cree que eliminar la leche del desayuno puede ser beneficioso, pero por la mañana ayuda a rehidratarse tras horas de sueño y es un tesoro para la salud porque contiene agua, vitaminas, proteínas, grasas, minerales como el calcio y azúcares. Solo la debes evitar si eres alérgico a las proteínas de la leche, mientras que los intolerantes pueden utilizar una sin lactosa u optar por el yogurt.

¡BEBE! Nada más despertarse, es importante consumir líquidos para hidratarse y permitir que todos los órganos vuelvan a ponerse en marcha: el cerebro, por ejemplo, está compuesto de 80% agua y si está "seco" tiene menos capacidad de concentración y atención, se fatiga e incluso es más lento a la hora de realizar tareas sencillas. Piensa que ponerse al volante estando deshidratado es como manejar en estado de embriaguez, ¡al punto de que los errores de conducción se duplican!

Así que di sí a un vaso de agua al despertar y luego leche, café y té, o jugos recién exprimidos.

CONOCE EL ÍNDICE GLUCÉMICO PARA QUE LA "CARGA" DURE MUCHO TIEMPO

La mañana es el momento adecuado para los hidratos de carbono, pero no todos son iguales: los simples, formados por una o unas pocas moléculas de azúcar (fructosa, sacarosa, lactosa, maltodextrinas, etcétera) son diferentes de los complejos, en los que las cadenas de azúcar son largas e incluso ramificadas, como en el almidón de las verduras.

Los azúcares simples se absorben con rapidez, los azúcares complejos lo hacen más lentamente y esto tiene un efecto sobre el metabolismo.

Cuando sube la glucosa en sangre, el páncreas produce insulina, la hormona que permite que se utilice en los tejidos, si las demandas energéticas lo exigen, o que se almacene como energía de reserva, si el cerebro y otros órganos tienen suficiente. Para el bienestar metabólico, la concentración de glucosa en sangre debe permanecer más o menos estable: el cuerpo-máquina no está hecho para comer terrones de azúcar que dan "bombas" de exceso de energía, con un efecto completo y rápido, sino para introducir **hidratos de carbono complejos que se asimilan poco a poco** y liberan energía con la misma lentitud.

El índice glucémico es un número que ayuda a comprender el efecto de los hidratos de carbono, porque indica cuánto se eleva la glucosa en sangre trás el consumo de un alimento que los contiene, en relación con cuánto la elevaría una carga fija de glucosa, indicada convencionalmente con cien: un caramelo tiene un índice glucémico alto, porque la glucosa va directamente a la sangre, mientras que una verdura rica en hidratos de carbono complejos lo tiene bajo. Un alimento con un índice glucémico alto provoca un pico de insulina y luego una caída drástica del azúcar en sangre, lo que desencadena el hambre para reintroducir la energía. Con la absorción más lenta de un alimento con un índice glucémico bajo, el pico de azúcar en sangre y de insulina es menor, la liberación de energía en el torrente sanguíneo tarda más y, por tanto, el hambre se mantiene a raya durante más tiempo, al tiempo que se consigue dar el combustible adecuado a todos los órganos.

Para tener energía durante mucho tiempo, además de dar preferencia a los alimentos con un índice glucémico bajo, también conviene utilizar algunos trucos para reducirlo: la absorción de la glucosa se ralentiza y el índice desciende si, por ejemplo, los hidratos de carbono se combinan con fibra, por lo que los cereales integrales y las combinaciones que incluyen fruta, fresca o seca, son excelentes para el desayuno.

EN PRÁCTICA

TRES MENÚS ENERGÉTICOS

UN MENÚ DE 180 CALORÍAS PARA QUIEN ESTÁ A DIETA. Un vaso de leche semidescremada (150 gramos), café, una cucharadita de azúcar o miel; dos rebanadas de pan tostado o 20 gramos de galletas o 20 gramos de cereales o 20-30 gramos de granola o una rebanada de pan tostado y una pieza de fruta (una manzana, una pera, un plátano pequeño, un durazno, un kiwi, dos chabacanos o 150 gramos de fresas o piña o frutos rojos).

UN MENÚ SABROSO. Un té o un capuchino (100 ml de leche semidescremada con café al gusto), una cucharadita de azúcar o miel, un bocadillo ligero al gusto o dos rebanadas de pan tostado, cada una con una cucharadita de crema de avellana para untar, mermelada o miel.

UN MENÚ CON YOGURT. Un bote de yogurt blanco o de frutas descremado con 150 gramos de fruta fresca (como fresas, piña, bayas) y granola o copos de avena (20 gramos).

SUEÑO Y RELAJACIÓN PARA RECUPERARSE

El primer remedio que le viene a la mente a cualquiera que busque combatir la fatiga es dormir bien y lo suficiente. Es una idea correcta, porque **dormir bien es indispensable para el bienestar**, para recuperar fuerzas y "compensar" las actividades realizadas durante la vigilia.

La recuperación se produce a nivel físico, porque el cuerpo entra en un miniletargo que ayuda a que los órganos y las células funcionen mejor después: el cortisol, la hormona del estrés, disminuye, por ejemplo, y con él la frecuencia cardiaca y la presión arterial, de modo que el sistema cardiovascular está "en reposo"; se producen entonces moléculas que modulan la inflamación, la respuesta inmune y los procesos de reparación celular.

Sin embargo, **la recuperación también es mental**, porque durante el sueño disminuye la actividad de las áreas del cerebro que son más activas en la vigilia (las implicadas en el movimiento, el lenguaje, la planificación de acciones y estrategias adecuadas, la inhibición del comportamiento y las respuestas inadecuadas al contexto) y esta "parada" es necesaria para que funcionen lo mejor posible.

En el cerebro, el sueño también es indispensable para eliminar los radicales libres y los residuos producidos y acumulados durante la vigilia.

LA CONSIGNA ES LA REGULARIDAD

Para dormir bien hay que acostarse y levantarse siempre más o menos a la misma hora: si tu ciclo de sueño es regular, las excepciones esporádicas no hacen daño. En resumen, una noche libre no es perjudicial y lo mismo ocurre si el fin de semana te quedas en la cama hasta tarde para compensar algunas noches demasiado cortas. Sin embargo, tener hábitos de sueño regular es crucial, porque es uno de los mecanismos que ayudan a mantener sincronizado nuestro reloj biológico interno, el cual rige las funciones del organismo según el ciclo luz/oscuridad: **los cambios de hora frecuentes perturban el descanso** al alterar muchos parámetros fisiológicos y hormonales, con repercusiones negativas en los niveles de energía.

El ciclo natural del sueño, es decir, cuándo nos acostamos por la noche y cuándo nos levantamos por la mañana, difiere en cada persona y es uno de los principales elementos que nos definen como búhos o alondras.

El "tipo medio" descansa bien si duerme entre las 11 de la noche y las 7 de la mañana; los búhos (alrededor de 20% de la población) prefieren acostarse a medianoche o a la una; las alondras, en cambio, estarían dispuestas a ir a la cama desde las 9 de la noche para despertarse a las 5 de la mañana. Sometidos a excesos no compatibles con la vida cotidiana de los búhos y las alondras, que son "extremos", es bueno permitirse el propio cronotipo porque cuando **eliges la ventana adecuada para dormir obtienes todos los beneficios.** Sin embargo, una vez que hayas identificado tu mejor hora para el descanso, cíñete a ella en la medida de lo posible, incluso cuando estés de vacaciones.

EVALÚA TU SUEÑO

Para recargar las pilas de verdad hay que dormir lo suficiente, pero también de corrido: si tu sueño es muy fragmentado o fácilmente perturbable, incluso después de pasar nueve horas en la cama, te levantarás tan cansado como la noche anterior.

La necesidad de dormir es muy personal: hay dormilones que se sienten llenos de energía y son muy productivos después de solo tres o cuatro horas de sueño, y perezosos que necesitan diez horas o más entre las sábanas para sentirse realmente "operantes", aunque hay que decir que son excepciones a la regla. Para la mayoría de las personas, dormir bien equivale a hacerlo entre siete y nueve horas, por lo que se entiende por *sueño corto* el que dura menos de seis horas por noche. Es erróneo creer que a medida que uno envejece disminuyen las necesidades de sueño: en realidad, después de los 65 años el rango medio apenas disminuye a siete u ocho horas, lo que suele cambiar es la calidad del sueño, que por desgracia disminuye debido a despertares más frecuentes y a un sueño profundo menos reparador.

¿TIENES UN SUEÑO EFICIENTE?

La eficiencia del sueño es la relación que existe entre el tiempo que pasas en la cama y el tiempo que en realidad dedicas a dormir multiplicado por cien (por ejemplo: si duermes cinco horas, pero permaneces ocho horas debajo de las cobijas, la eficiencia del sueño será 5/8*100=0.625*100=62.5%): el sueño eficiente es aquel cuyo valor supera 90%, es decir, el de aquellos que no pasan en la cama ni un minuto más de lo necesario. Para evaluar la eficiencia del sueño basta con llevar un diario del sueño con datos como el momento en el que te vas a la cama, el tiempo que tardas en dormirte, la hora a la que despiertas, calculando así la duración media cotidiana del sueño a lo largo de una semana. Para mejorar la eficiencia del sueño es necesario que este coincida con el tiempo que pasas acostado.

Para conocer el número de horas que necesitas dormir puedes hacer una prueba el fin de semana. Acuéstate a tu hora habitual sin poner el despertador: si al abrir los ojos a la mañana siguiente te sientes descansado y alerta, es probable que hayas dormido las horas necesarias para sentirte bien.

Por supuesto, para la prueba no deberás elegir un fin de semana después de una semana más pesada y agotadora de lo habitual. Lo ideal sería que hagas varias pruebas, en fines de semana diferentes, para que tengas una idea más precisa de tus necesidades personales de sueño.

EN PRÁCTICA

ELIGE TU HORARIO PARA DORMIR

Una vez que sepas cuántas horas necesitas dormir y cuándo debes hacerlo, dependiendo de si eres un búho o una alondra, intenta ceñirte a ellas para conseguir un descanso verdaderamente reparador.

Si, por ejemplo, por la mañana el despertador tiene que sonar a las siete y eres un búho con una necesidad de sueño de ocho horas, sabes que puedes aprovechar hasta las once de la noche si la hora de levantarte para ir a trabajar es la misma.

Si eres una alondra, puedes acostarte a las 21:30 horas de la noche y poner el despertador a las 5:30 de la mañana, aprovechando el tiempo extra temprano para hacer ejercicio, tomar un regaderazo vigorizante, una pausa para meditar, un desayuno adecuado o un tiempo para cuidar de ti.

CONTRA EL CANSANCIO: ¡MUÉVETE!

Puede parecer lo último que hay que hacer cuando te sientes cansado, pero hacer ejercicio de intensidad moderada de forma regular es, en cambio, un excelente antídoto contra la sensación de fatiga.

El sedentarismo, de hecho, resta energía física y mental porque **desencadena un círculo vicioso de malestar**: quien no se mueve tiende fácilmente a engordar, a estar fuera de forma (lo que de por sí aumenta la sensación de agotamiento), a comer peor y a dormir mal.

En las personas perezosas, sobre todo cuando la falta de deporte se asocia a otros problemas en el estilo de vida, se altera la actividad de la corteza insular (un área cerebral que "percibe" la fatiga corporal) y de áreas relacionadas con la motivación y la gratificación: el cansancio, en definitiva, también puede explicarse como **una falta de estimulación y motivación**, la cual, al parecer, se asocia a que el cerebro tiene una percepción equivocada de los niveles adecuados del neurotransmisor dopamina.

¿Cómo aumentar entonces la dopamina, que es también la molécula del placer?

Precisamente con un poco de ejercicio diario: la consigna es la constancia, intentar estar activo todos los días porque así mantenemos el organismo en buena forma y luego por la noche, con un poco de cansancio (sano) encima, dormiremos mejor y podremos levantarnos descansados al día siguiente, desencadenando esta vez un círculo virtuoso.

A la larga, **si te acostumbras a hacer actividad física de forma constante**, te sentirás menos fatigado y tendrás más energía; también porque cada vez que haces ejercicio, la sangre, bien oxigenada gracias al aumento de la respiración por el esfuerzo, no solo va a los músculos, sino a todos tus órganos, incluido el cerebro.

El resultado es una auténtica "bomba" de energía física y mental, gracias a una mejora de todos los procesos metabólicos y, por tanto, de la utilización de los recursos del organismo: es el equivalente a cargar solo gasolina de alto rendimiento. En definitiva, dispondrás de más energía para realizar cada actividad.

PERO CUIDADO CON EXAGERAR: los beneficios aumentan a medida que se incrementa la actividad física, pero solo hasta cierto punto. Si haces mucho deporte sin hacer pausas de recuperación o eliges entrenamientos demasiado pesados para tu actual estado físico, corres el riesgo de terminar cansado y con poca energía. Y como la consigna debe ser la constancia: cuatro horas de deporte un domingo son menos aconsejables que una hora de ejercicio cuatro días a la semana. Y el esfuerzo no debe ser muy pequeño, porque de lo contrario no se entrena de verdad, ni en exceso, porque corres el riesgo de obtener más desventajas que beneficios: mantenerte dentro de 70 u 80% de la frecuencia cardiaca máxima sería lo ideal.

EN PRÁCTICA

CONSEJOS PARA PEREZOSOS

Hasta un simple paseo de un cuarto de hora al día puede darte un subidón de energía, y si no eres aficionado al ejercicio puedes empezar literalmente con pequeños pasos, caminando un poco más cada día.

LA "DOSIS" ADECUADA. Los fatídicos diez mil pasos diarios no son el "número mágico" que hay que alcanzar a toda costa, sino un valor arbitrario que debe adaptarse a la edad, el estado de salud, el peso y el nivel de entrenamiento. En general, puede ser aconsejable que "fracciones" el paseo en dos o tres recorridos a lo largo del día, y si eres completamente sedentario tampoco debes empezar con diez mil pasos de inmediato, sino proceder de forma gradual, prestando atención a la aparición del dolor y a la necesidad de recuperarte entre los paseos.

DESPACIO, PERO NO TANTO. Caminar es un ejercicio aeróbico ideal porque la intensidad puede adaptarse con facilidad a los requerimientos de cada uno, lo que no debe convertirse en una excusa para que vayas a paso de tortuga. Además de dar un cierto número de pasos, también es necesario mantener un ritmo adecuado: lo ideal es una marcha rápida, que corresponde a unos cien pasos por minuto (en otras palabras, una buena carrera corresponde a unos ciento ochenta pasos por minuto). En resumen, lo mejor es que te muevas todos los días, quizá no durante tanto tiempo, pero con una intensidad adecuada. Porque hay que ser realistas: caminar despacio para alcanzar los diez mil pasos lleva más de una hora, y muy poca gente dispone de tanto tiempo para el entrenamiento diario.

PRECAUCIONES. Es importante que utilices el calzado adecuado, no el primer par de zapatos que te encuentres; es crucial que te hidrates bien, que bebas agua antes y después de la caminata, sobre todo si sudas mucho. El lugar que elijas para caminar también cuenta: es mejor que no lo hagas en medio del esmog, sino que busques parques o senderos arbolados, para que puedas respirar aire más limpio.

CUIDA DE TI

El primer paso para aprender a cuidar de ti es empezar por lo fundamental, es decir, la respiración. La damos por descontada, ni cuenta nos damos de hacerla, pero es la base de todas las funciones del organismo. Sin una ventilación y un intercambio de gases adecuados, ninguna célula podría vivir.

Sin inhalar oxígeno no podríamos quemar nutrientes para obtener energía; sin expulsar el dióxido de carbono producido por los procesos de combustión celular nos intoxicaríamos.

Los mecanismos que regulan la respiración son numerosos, muy finos y "funcionan en automático": están tan bien coordinados que no nos damos cuenta de que estamos respirando, por lo que tenemos el cerebro libre para hacer otras cosas.

La respiración, en definitiva, da ritmo a la vida. La relación entre bienestar y respiración es muy estrecha, como puede comprobarse en casos de estrés o ansiedad: respiración superficial, sensación de bloqueo que impide recuperar el aliento u opresión en el esternón son síntomas habituales. Así, muchas técnicas de gestión del estrés se centran en una respiración correcta, profunda y regular.

Por tanto, centrarte un poco más en cómo inhalas y exhalas el aire puede ayudarte a vivir mejor, pero también a que te sientas con más energía y menos cansado, gracias a un mayor control de la ansiedad y las emociones negativas.

Respirar bien también tiene consecuencias positivas sobre la calidad del sueño, mejora de manera automática la postura y alivia las contracturas y los dolores de espalda y cuello, mientras que todos los tejidos y órganos, desde los músculos hasta el aparato digestivo, pasando por el sistema inmunitario y el cerebro, funcionan mejor con más oxígeno disponible.

RESPIRA CON "LA PANZA"

La respiración ideal es la diafragmática profunda, en la que la duración y la amplitud de la respiración aumentan, mejorando la oxigenación de los tejidos. Para saber si respiras con el diafragma o de forma más superficial, coloca una mano en tu abdomen y otra en el pecho: la primera debe elevarse durante la inspiración, la segunda no.

Si no respiras "profundamente", puedes recuperar energía y bienestar **tomándote unos minutos libres al** día para entrenar **tu respiración**: poco a poco se volverá más natural y será fácil que vuelvas a conectar con la respiración profunda cada vez que te sientas abrumado por el cansancio y la fatiga, para recargar las pilas de inmediato.

El mejor momento para una pequeña sesión de respiración profunda es por la mañana, apenas te levantes, para que empieces tu día con el pie derecho, pero puedes dedicar unos minutos en cualquier momento: escuchando a tu cuerpo y conociendo su ritmo podrías descubrir, por ejemplo, que necesitas un momento de pausa para ti y volver a conectar con tu respiración al término de la jornada laboral.

EN PRÁCTICA

RESPIRA PROFUNDAMENTE

Estos son los pasos para respirar con "la panza":

1. Inhala por la nariz. Haz que el aire llegue a la parte baja de los pulmones sintiendo cómo se infla la panza y se abre el diafragma.
2. Continúa inhalando y llena todos los pulmones. Notarás que tus hombros se elevan.
3. Aguanta la respiración unos segundos.
4. Espira por la nariz o por la boca, pero hazlo muy despacio: permite que el aire salga primero de la parte baja de los pulmones (la panza se desinfla) y luego del resto.

RECUPERA EL IMPULSO, DETENTE Y PIENSA

Meditar parece la cosa más estática y menos energizante que se te pueda ocurrir, pero, por el contrario, es una forma excelente de recuperar el impulso. En efecto, la meditación "cambia" el cerebro modificando las conexiones y la amplitud de ciertas zonas del cerebro, pero sobre todo llevándolo a centrarse en lo que más importa, con el efecto de mejorar la concentración, la memoria, la capacidad cognitiva, pero también de dejar de lado el dolor, "apagar" la inflamación y mejorar la eficacia del sistema inmunitario.

Así pues, hoy en día se suele hablar de *mindfulness*, un enfoque que deriva de las técnicas de meditación budistas: el objetivo es la conciencia atenta del momento presente, vivir plenamente en el aquí y ahora sin juzgar, pero también reconociendo y abordando las razones del malestar.

El *mindfulness* tiene excelentes efectos antiestrés y ayuda a prevenir y gestionar la ansiedad y los trastornos del estado de ánimo. Existen protocolos definidos para los ejercicios mentales y si eliges el camino que más se adapte a ti, la meditación es sin duda un método para que logres "centrarte", recuperes la energía vital y te sientas menos agotado.

CONSEJO EXTRA: ¡CANTA!

Cantar está estrechamente ligado a la respiración, porque, como saben los profesionales de la voz, la forma en que el aire entra y sale de las vías respiratorias afecta a la capacidad de emitir notas de forma correcta. Pero cantar también es una forma de darte una carga de energía cuando te sientes un poco decaído: hazlo a pleno pulmón al ritmo de tu canción favorita y experimentarás un momento de intensa alegría, un subidón emocional que reduce las hormonas del estrés en tu organismo y te hace sentir bien de inmediato. No importa si desafinas, no estarás grabando un disco: ya sea en la ducha o en el coche de camino a casa después de un largo día, canta y te sentirás inmediatamente un poco menos fatigado, un poco más ligero, un poco más feliz.

LADRONES DE ENERGÍA

Es uno de los peores ladrones de energía, se “come” todos los recursos y nos deja literalmente exhaustos: el estrés crónico hace daño, hace muchísimo daño.

La ansiedad y el estrés en sí mismos no son “malos”, sino que son instrumentos de supervivencia: son la respuesta del cuerpo para señalar que nos enfrentamos a un peligro y que, por tanto, debemos actuar: tomar una decisión para escapar o enfrentarnos a lo que nos amenaza.

Cuando estamos estresados, **nuestro cuerpo y nuestra mente están preparados para actuar** en todos los sentidos: si, por ejemplo, tenemos que afrontar un examen, una competencia o una reunión importante, estamos agitados, pero también superconcentrados.

Sin embargo, si el estrés se convierte en un compañero constante de nuestros días, **literalmente nos enferma:** baja nuestras defensas inmunitarias, nos hace susceptibles a las infecciones, nos expone a enfermedades cardiovasculares, aumenta la probabilidad de sufrir trastornos del sueño y problemas gastrointestinales, empeora los dolores crónicos, nos provoca cefaleas e induce ansiedad y síntomas depresivos.

La exposición excesiva y prolongada al cortisol, la hormona del estrés, mina el bienestar cerebral porque disminuye los niveles de serotonina y dopamina, esenciales para el buen humor, provoca problemas de memoria y repercute de forma negativa en todas las funciones cognitivas (así, por ejemplo, el estrés es un mal consejero a la hora de tomar decisiones).

A menudo, y con mayor frecuencia en las mujeres, el estrés crónico provoca apatía, falta de iniciativa, incapacidad para disfrutar de la vida: literalmente "chupa" energía.

¡AGOTADO!

El estrés adopta muchas formas: podemos estar estresados físicamente, por ejemplo cuando exigimos demasiado a nuestro cuerpo y lo hacemos seguir un ritmo inadecuado, o estresados psicológicamente; por ejemplo, porque atravesamos un momento difícil en nuestra familia o en nuestras relaciones.

Y también existe el estrés laboral, que, cuando es de verdad exagerado, se denomina *burnout* o síndrome del trabajador quemado: no es una simple falta de motivación o estrés genérico, sino que, a partir de exigencias excesivas y de un escaso reconocimiento profesional, surge un estrés laboral con auténtico agotamiento emocional.

Los síntomas típicos son el agotamiento de la energía mental, emocional y física; **relajarse y recuperarse parece imposible**, y son señales comunes la infelicidad, la dificultad para concentrarse, la confusión mental, la fatiga, el malestar, el dolor de cabeza y la sensación de ahogo.

En el *burnout* también hay otros dos elementos clásicos, el cinismo (para defenderse del agotamiento y la decepción, uno asume una actitud de desapego hacia las personas con las que tiene que tratar por trabajo, hasta el punto de anular toda implicación emocional y abandonar sus valores) y la ineficacia, porque uno se siente incapaz de afrontar y completar sus tareas, frustrado e inútil.

Hoy en día, el agotamiento ha "invadido" todos los campos y no es difícil sentirse así también en otras situaciones, pues **lo asumimos todo como un trabajo:** *trabajamos* en un matrimonio que apenas funciona, *trabajamos* en el jardín, *trabajamos* en nuestro cuerpo para mantenerlo en forma. Y entonces nos agotamos en las relaciones afectivas y estamos emocional o físicamente exhaustos. En pocas palabras "quemados", y no solo por la oficina.

La incapacidad prolongada para hacer frente a cualquier motivo estresante puede conducir a un agotamiento gradual de los recursos emocionales de los que disponemos también en otros contextos, extendiendo como un reguero de pólvora las situaciones en las que nos sentimos agotados y exhaustos.

MIDE EL ESTRÉS. Uno de los principales indicadores del estrés es el aumento del cortisol circulante en la sangre. Esta hormona crucial es producida por las glándulas suprarrenales siguiendo un ritmo preciso que alcanza su punto máximo por la mañana, entre las 6:00 y las 8:00, para ayudarnos a sobrellevar el día, pero cuando estamos sometidos a mucho estrés este ritmo se pierde y el cortisol se produce en exceso. Por tanto, medir el cortisol puede ser una buena forma de evaluar si estamos alcanzando el estado de agotamiento.

EN PRÁCTICA

TÓMATE UNA PAUSA

¿Cómo puedes darte un respiro del estrés y recargar las pilas si estás sometido a demasiada presión? Concédete descansos para dedicarte a tus actividades favoritas, unas "vacaciones" en el sentido etimológico de la palabra: tiempo alejado de las obligaciones habituales para hacer lo que nos gusta.

Puedes tomarte una pausa pequeña todos los días: en eso consiste la meditación, un desayuno sin prisas o un paseo por el parque. Todas las actividades placenteras, sean cuales sean, ayudan a la recuperación psicológica y física.

Y, por supuesto, si en un periodo difícil consigues tomarte uno o dos días de verdaderas vacaciones (del estrés), mucho mejor: incluso las pausas cortas son estupendas para recuperar energía, porque las clásicas vacaciones largas de verano "recargan", pero los efectos desaparecen gradualmente entre dos y cuatro semanas después de volver.

Por eso, si en lugar de permitirte unas maxivacaciones te "tomas vacaciones" varias veces al año, podrás disfrutar de los beneficios durante más tiempo, en diferentes épocas del año. Y también puedes irte de vacaciones "a la azotea": lo importante es no arrastrar pensamientos que te provoquen ansiedad y estrés, ya sea por el trabajo o por las dificultades de una relación difícil.

PRUEBA para saber cómo estás

¿TE SIENTES PRESIONADO?

Para saber si te sientes estresado, responde a las diez preguntas del cuestionario *Escala de percepción de estrés* desarrollado por Sheldon Cohen.

Responde a cada pregunta de acuerdo con los siguientes valores:
0 = nunca
1 = casi nunca
2 = a veces
3 = con suficiente frecuencia
4 = muy a menudo

En el último mes, con qué frecuencia:

1. ¿Te sentiste desbordado porque ocurrió algo inesperado? 0 1 2 3 4

2. ¿Tuviste la sensación de que no podías mantener el control sobre las cosas importantes de tu vida? 0 1 2 3 4

3. ¿Te sentiste nervioso o "estresado"? 0 1 2 3 4

4. ¿No confiaste en tu capacidad para gestionar los problemas personales? 0 1 2 3 4

5. ¿Tuviste la sensación de que las cosas no iban como tú querías? 0 1 2 3 4

6. ¿Tuviste la sensación de que no podías seguir el ritmo de todas las cosas que tenías que hacer? 0 1 2 3 4

7. ¿Te diste cuenta de ser incapaz de controlar lo que te irrita en tu vida? 0 1 2 3 4

8. ¿Sentiste que no dominabas la situación? 0 1 2 3 4

9. ¿Te enfadaste por cosas que estaban fuera de tu control? 0 1 2 3 4

10. ¿Tuviste la sensación de que las dificultades se acumulaban hasta tal punto que no podías superarlas? 0 1 2 3 4

MI PUNTUACIÓN TOTAL ES (de 0 a 40): ____________________

Puntuación total de 0 a 13. Fuera de riesgo: puedes gestionar tus emociones y el estrés que experimentas en este momento.

Puntuación total de 14 a 26. El estrés empieza a ser demasiado y puede hacerte daño: tienes que aprender a liberar la tensión tomándote algunos descansos.

Puntuación total de 27 a 40. Estás sometido a demasiada presión, el nivel de estrés que sientes pone en riesgo tu salud física y mental. Habla de ello con un profesional.

VAMPIROS ENERGÉTICOS
LA VÍCTIMA

Los vampiros chupadores de energía son personas que drenan tu vigor porque son las primeras en tener problemas y sufrir. Al asociarte con ellas, literalmente "chupan" tu energía emocional y corres el riesgo de dejar de ser capaz de cuidar de ti mismo y sentirte fatigado, deprimido o agotado. Reconocerlas es crucial para que traces líneas que no puedan cruzar y te resguardes.

CÓMO RECONOCER AL VAMPIRO-VÍCTIMA. Es una persona que piensa que está a merced del mundo y que la causa de sus problemas siempre está en el otro: en lugar de asumir la responsabilidad de sus decisiones, el vampiro-víctima las evade y se las achaca a los demás, a quienes manipula para que se sientan culpables, con lo cual espera atraer su favor y simpatía.

Básicamente, el vampiro-víctima es una persona con baja autoestima, a menudo porque no fue querido ni apreciado de niño: cree que no vale nada y no puede ser aceptado por los demás a menos que se convierta en una carga para ellos, mediante el sentimiento proyectado de culpa.

CÓMO DEFENDERTE DEL VAMPIRO-VÍCTIMA. Aprende a reconocer cuando este individuo empieza a hablar de sí mismo de un modo que despierta lástima. Por ejemplo, cuando describe su terrible día o culpa a alguien más de sus problemas. En esas situaciones, evita implicarte, comprende que tú no tienes ninguna responsabilidad y que no le debes ninguna solución. Y, tal vez, busca otra compañía.

CANSANCIO. ¿QUÉ DICE LA CIENCIA?

El cansancio tiene muchas caras, y no todas son iguales. Veamos las definiciones que la ciencia ha dado a los distintos tipos de "fatiga", para ver cuál se acerca más a lo que sentimos.

FATIGA TRANSITORIA. Es el tipo de fatiga "normal": por ejemplo, después de un viaje largo y agotador, un compromiso deportivo importante o un maratón de estudios; también puede aparecer cuando nos quedamos despiertos más tiempo de lo habitual y "exprimimos" las horas de sueño, por ejemplo después de una noche de insomnio o de trasnochar. Es totalmente fisiológico y se resuelve en uno o dos días sin consecuencias.

FATIGA ACUMULADA. La experimentamos tras un periodo algo más largo de dificultad y presión, cuando por ejemplo nos hemos visto obligados a levantarnos una hora antes durante una semana para completar un trabajo o cuando nos hemos mudado de casa y durante unos días nos hemos pasado horas empaquetando cajas y luego limpiando y reorganizando la nueva casa. Una vez más, existe una razón específica y objetiva para el cansancio: cuando este desaparece, todo vuelve a la normalidad, incluidos los niveles de energía.

FATIGA CIRCADIANA. Así se define la inevitable bajada de rendimiento que todos tenemos por la noche, cuando al cuerpo le gustaría dormir: entre las dos y las cinco de la madrugada, es difícil para prácticamente todo el mundo no sentirse cansado y no bostezar un poco. Incluso quienes trabajan en horario nocturno, pueden tener a veces momentos de mayor dificultad para mantener una alta concentración y un buen rendimiento físico y mental durante este periodo en el que, por lo general, se descansa.

¡ATENCIÓN! NO EXISTE LA FATIGA SUPRARRENAL

Circula una teoría que se difunde con gran esmero por internet: un estado de estrés continuo o repetido puede, a la larga, "agotar" las glándulas suprarrenales productoras de adrenalina y provocar así un agotamiento físico y mental, que se manifiesta en un cansancio inexplicable e irreductible.

El diagnóstico de "fatiga suprarrenal" no está reconocido por la medicina convencional y deriva de la hipótesis de un quiropráctico y naturópata estadounidense, James Wilson, que acuñó el término en 1998. Según sus teorías, una terapia con hormonas restablecería el equilibrio de la adrenalina circulante resolviendo la fatiga; sin embargo, no hay pruebas científicas de la existencia de la fatiga suprarrenal y, por tanto, es arriesgado pensar en superar la sensación de cansancio con alguna mezcla hormonal.

El caso de la insuficiencia suprarrenal, una enfermedad en la que las glándulas no producen suficientes hormonas, es diferente: es una afección real, pero bastante atípica, y es muy poco probable que sea la causa del agotamiento común.

ASTENIA. Es el agotamiento, la sensación de falta de energía, que se convierte en "patológico", porque provoca una caída drástica de la motivación y, por tanto, tiene un impacto considerable en la calidad de la vida cotidiana. Es el resultado de periodos muy prolongados de esfuerzo físico o mental de los que uno no puede recuperarse, de una falta crónica de sueño o de malos hábitos.

FATIGUE. Es el término inglés para la fatiga clínica, es decir, un agotamiento y falta de energía que se percibe como inusual, anormal y que no se alivia con el descanso. Es esa astenia profunda asociada a enfermedades orgánicas como los tumores y es el principal síntoma del síndrome de fatiga crónica.

¿ES CANSANCIO O SOMNOLENCIA?

Puedes distinguirlos con la "prueba de latencia del sueño", que consiste en que te acuestes en un lugar tranquilo durante el día: si en quince minutos te quedas dormido, es posible que haya una alteración o déficit de sueño; si, por el contrario, no te duermes, pero te sientes cansado, el problema puede ser cansancio "puro", sin déficit de sueño.

EL REFORZADOR ESPECIAL

Para un impulso extra, céntrate en el ritual de levantarte por la mañana. Has oído decir que "al que madruga Dios lo ayuda", hay algo de verdad en ello, porque en las primeras horas del día puedes acumular mucha energía para emplear en las horas siguientes, hasta la noche.

Desde un buen desayuno hasta la respiración, pasando por la actividad física o la meditación, hay muchas formas para que empieces tu día con el pie derecho. ¿Por qué no añadir un momento para consentirte, para quererte y darte el empujón que supone pensar un poco en ti?

DATE UN BUEN BAÑO... Si lo toleras, báñate con agua fría: ¡es literalmente una explosión de energía! Además de ser un buen despertador, también es un buen ejercicio vascular si se alterna el chorro de agua fría y caliente sobre las piernas.

Procura que no sea solo algo "obligado" porque te tienes que bañar antes de salir o después del ejercicio de la mañana: la ducha matutina puede convertirse en un ritual de bienestar, por ejemplo, elige champú y jabón o gel de baño perfumados, o quizá dedica unos instantes a exfoliarte para eliminar las células muertas de la piel. Lo importante es que la ducha se convierta en una pausa regeneradora: los efectos positivos duran bastante tiempo, pruébalo para creerlo.

… **Y CUIDA TU PIEL.** Para continuar con el ritual "energizante" de la mañana, regálate unos minutos para cuidar tu piel.

Empieza con crema hidratante: procura aplicártela no solo porque tienes que hacerlo, porque piensas que si no lo haces tendrás "la piel de un cocodrilo" todo el día, sino también por el placer de masajearte el cuerpo y la cara. Tómate tu tiempo, utiliza un producto con una fragancia agradable, extiéndelo y masajéalo con parsimonia: tu piel también te lo agradecerá y estará más tonificada.

Con un poco de gimnasia facial y los movimientos adecuados, puedes hacerte un *minilifting* facial que de inmediato te pondrá de buen humor porque te verás más descansada y preparada para afrontar el día en tu mejor momento, independientemente de que decidas seguir o no con el maquillaje (que, por cierto, si te ayuda a sentirte mejor, da un buen empujón y aporta energía positiva).

BALANCE DE MI DÍA

FECHA ____________

LU ☐ MA ☐ MI ☐ JU ☐ VI ☐ SÁ ☐ DO ☐

¿CÓMO ME SIENTO ESTA NOCHE?

SATISFACCIÓN

	0	1	2	3	4	5	6	7	8	9	10
marca del 1 al 10	☐	☐	☐	☐	☐	☐	☐	☐	☐	☐	☐

CANSANCIO

	0	1	2	3	4	5	6	7	8	9	10
marca del 1 al 10	☐	☐	☐	☐	☐	☐	☐	☐	☐	☐	☐

¿QUÉ HICE HOY PARA "MANTENER EL RITMO"?

ENERGÍA EN LA MESA: UN ALIMENTO QUE ME DIO EL *SPRINT*

UN ALIMENTO, UN PLATILLO, UNA COMIDA QUE ME DIO EL BAJÓN

DORMÍ DE LAS ______ A LAS ______ Y CUANDO DESPERTÉ ME SENTÍ:

DURANTE EL DÍA ME SENTÍ SOMNOLIENTO SÍ NO

ME ECHÉ UN SUEÑITO SÍ NO

HOY PASÉ ______ HORAS EN LA SILLA O EN EL SOFÁ

HOY HICE ESTOS EJERCICIOS

PARA CUIDAR DE MÍ HICE...

Y ME SENTÍ:

LA COSA O PERSONA QUE MÁS ENERGÍA ME DIO HOY

LA COSA O PERSONA QUE MÁS ENERGÍA ME QUITÓ HOY

UN PEQUEÑO BUEN HÁBITO QUE APRENDÍ ESTE DÍA

MIS PROPÓSITOS PARA MAÑANA

ESTE ES UN DÍA PARA

- ☐ RECORDAR
- ☐ OLVIDAR

BALANCE DE MI DÍA

FECHA ____________________

LU	MA	MI	JU	VI	SÁ	DO
☐	☐	☐	☐	☐	☐	☐

¿CÓMO ME SIENTO ESTA NOCHE?

SATISFACCIÓN

	0	1	2	3	4	5	6	7	8	9	10
marca del 1 al 10	☐	☐	☐	☐	☐	☐	☐	☐	☐	☐	☐

CANSANCIO

	0	1	2	3	4	5	6	7	8	9	10
marca del 1 al 10	☐	☐	☐	☐	☐	☐	☐	☐	☐	☐	☐

¿QUÉ HICE HOY PARA "MANTENER EL RITMO"?

ENERGÍA EN LA MESA: UN ALIMENTO QUE ME DIO EL *SPRINT*

UN ALIMENTO, UN PLATILLO, UNA COMIDA QUE ME DIO EL BAJÓN

DORMÍ DE LAS ______ A LAS ______ Y CUANDO DESPERTÉ ME SENTÍ:

DURANTE EL DÍA ME SENTÍ SOMNOLIENTO SÍ NO

ME ECHÉ UN SUEÑITO SÍ NO

HOY PASÉ ______ HORAS EN LA SILLA O EN EL SOFÁ

HOY HICE ESTOS EJERCICIOS

PARA CUIDAR DE MÍ HICE...

Y ME SENTÍ:

LA COSA O PERSONA QUE MÁS ENERGÍA ME DIO HOY

LA COSA O PERSONA QUE MÁS ENERGÍA ME QUITÓ HOY

UN PEQUEÑO BUEN HÁBITO QUE APRENDÍ ESTE DÍA

MIS PROPÓSITOS PARA MAÑANA

ESTE ES UN DÍA PARA

☐ RECORDAR

☐ OLVIDAR

BALANCE DE MI DÍA

FECHA ____________________ LU MA MI JU VI SÁ DO ☐ ☐ ☐ ☐ ☐ ☐ ☐

¿CÓMO ME SIENTO ESTA NOCHE?

SATISFACCIÓN

	0	1	2	3	4	5	6	7	8	9	10
marca del 1 al 10	☐	☐	☐	☐	☐	☐	☐	☐	☐	☐	☐

CANSANCIO

	0	1	2	3	4	5	6	7	8	9	10
marca del 1 al 10	☐	☐	☐	☐	☐	☐	☐	☐	☐	☐	☐

¿QUÉ HICE HOY PARA "MANTENER EL RITMO"?

____

____

____

ENERGÍA EN LA MESA: UN ALIMENTO QUE ME DIO EL *SPRINT*

____

UN ALIMENTO, UN PLATILLO, UNA COMIDA QUE ME DIO EL BAJÓN

____

DORMÍ DE LAS ________ A LAS ________ Y CUANDO DESPERTÉ ME SENTÍ:

____

DURANTE EL DÍA ME SENTÍ SOMNOLIENTO SÍ NO

ME ECHÉ UN SUEÑITO SÍ NO

HOY PASÉ ______ HORAS EN LA SILLA O EN EL SOFÁ

HOY HICE ESTOS EJERCICIOS

PARA CUIDAR DE MÍ HICE...

Y ME SENTÍ:

LA COSA O PERSONA QUE MÁS ENERGÍA ME DIO HOY

LA COSA O PERSONA QUE MÁS ENERGÍA ME QUITÓ HOY

UN PEQUEÑO BUEN HÁBITO QUE APRENDÍ ESTE DÍA

MIS PROPÓSITOS PARA MAÑANA

ESTE ES UN DÍA PARA

- ☐ RECORDAR
- ☐ OLVIDAR

BALANCE DE MI DÍA

FECHA ____________________

LU ☐ MA ☐ MI ☐ JU ☐ VI ☐ SÁ ☐ DO ☐

¿CÓMO ME SIENTO ESTA NOCHE?

SATISFACCIÓN

	0	1	2	3	4	5	6	7	8	9	10
marca del 1 al 10	☐	☐	☐	☐	☐	☐	☐	☐	☐	☐	☐

CANSANCIO

	0	1	2	3	4	5	6	7	8	9	10
marca del 1 al 10	☐	☐	☐	☐	☐	☐	☐	☐	☐	☐	☐

¿QUÉ HICE HOY PARA "MANTENER EL RITMO"?

____

____

____

ENERGÍA EN LA MESA: UN ALIMENTO QUE ME DIO EL *SPRINT*

____

UN ALIMENTO, UN PLATILLO, UNA COMIDA QUE ME DIO EL BAJÓN

____

DORMÍ DE LAS ________ A LAS ________ Y CUANDO DESPERTÉ ME SENTÍ:

____

DURANTE EL DÍA ME SENTÍ SOMNOLIENTO SÍ NO

ME ECHÉ UN SUEÑITO SÍ NO

HOY PASÉ ______ HORAS EN LA SILLA O EN EL SOFÁ

HOY HICE ESTOS EJERCICIOS

PARA CUIDAR DE MÍ HICE...

Y ME SENTÍ:

LA COSA O PERSONA QUE MÁS ENERGÍA ME DIO HOY

LA COSA O PERSONA QUE MÁS ENERGÍA ME QUITÓ HOY

UN PEQUEÑO BUEN HÁBITO QUE APRENDÍ ESTE DÍA

MIS PROPÓSITOS PARA MAÑANA

ESTE ES UN DÍA PARA

- ☐ RECORDAR
- ☐ OLVIDAR

BALANCE DE MI DÍA

FECHA ______________

LU ☐ MA ☐ MI ☐ JU ☐ VI ☐ SÁ ☐ DO ☐

¿CÓMO ME SIENTO ESTA NOCHE?

SATISFACCIÓN

	0	1	2	3	4	5	6	7	8	9	10
marca del 1 al 10	☐	☐	☐	☐	☐	☐	☐	☐	☐	☐	☐

CANSANCIO

	0	1	2	3	4	5	6	7	8	9	10
marca del 1 al 10	☐	☐	☐	☐	☐	☐	☐	☐	☐	☐	☐

¿QUÉ HICE HOY PARA "MANTENER EL RITMO"?

____

____

____

ENERGÍA EN LA MESA: UN ALIMENTO QUE ME DIO EL *SPRINT*

____

UN ALIMENTO, UN PLATILLO, UNA COMIDA QUE ME DIO EL BAJÓN

____

DORMÍ DE LAS ________ A LAS ________ Y CUANDO DESPERTÉ ME SENTÍ:

____

DURANTE EL DÍA ME SENTÍ SOMNOLIENTO SÍ NO

ME ECHÉ UN SUEÑITO SÍ NO

HOY PASÉ ______ HORAS EN LA SILLA O EN EL SOFÁ

HOY HICE ESTOS EJERCICIOS

PARA CUIDAR DE MÍ HICE...

Y ME SENTÍ:

LA COSA O PERSONA QUE MÁS ENERGÍA ME DIO HOY

LA COSA O PERSONA QUE MÁS ENERGÍA ME QUITÓ HOY

UN PEQUEÑO BUEN HÁBITO QUE APRENDÍ ESTE DÍA

MIS PROPÓSITOS PARA MAÑANA

ESTE ES UN DÍA PARA

- ☐ RECORDAR
- ☐ OLVIDAR

BALANCE DE MI DÍA

FECHA ______________

LU ☐ MA ☐ MI ☐ JU ☐ VI ☐ SÁ ☐ DO ☐

¿CÓMO ME SIENTO ESTA NOCHE?

SATISFACCIÓN

	0	1	2	3	4	5	6	7	8	9	10
marca del 1 al 10	☐	☐	☐	☐	☐	☐	☐	☐	☐	☐	☐

CANSANCIO

	0	1	2	3	4	5	6	7	8	9	10
marca del 1 al 10	☐	☐	☐	☐	☐	☐	☐	☐	☐	☐	☐

¿QUÉ HICE HOY PARA "MANTENER EL RITMO"?

____

____

____

ENERGÍA EN LA MESA: UN ALIMENTO QUE ME DIO EL *SPRINT*

____

UN ALIMENTO, UN PLATILLO, UNA COMIDA QUE ME DIO EL BAJÓN

____

DORMÍ DE LAS ________ A LAS ________ Y CUANDO DESPERTÉ ME SENTÍ:

____

DURANTE EL DÍA ME SENTÍ SOMNOLIENTO SÍ NO

ME ECHÉ UN SUEÑITO SÍ NO

HOY PASÉ ______ HORAS EN LA SILLA O EN EL SOFÁ

HOY HICE ESTOS EJERCICIOS

PARA CUIDAR DE MÍ HICE...

Y ME SENTÍ:

LA COSA O PERSONA QUE MÁS ENERGÍA ME DIO HOY

LA COSA O PERSONA QUE MÁS ENERGÍA ME QUITÓ HOY

UN PEQUEÑO BUEN HÁBITO QUE APRENDÍ ESTE DÍA

MIS PROPÓSITOS PARA MAÑANA

ESTE ES UN DÍA PARA

- [ ] RECORDAR
- [ ] OLVIDAR

BALANCE DE MI DÍA

FECHA ____________________

LU	MA	MI	JU	VI	SÁ	DO
☐	☐	☐	☐	☐	☐	☐

¿CÓMO ME SIENTO ESTA NOCHE?

SATISFACCIÓN

	0	1	2	3	4	5	6	7	8	9	10
marca del 1 al 10	☐	☐	☐	☐	☐	☐	☐	☐	☐	☐	☐

CANSANCIO

	0	1	2	3	4	5	6	7	8	9	10
marca del 1 al 10	☐	☐	☐	☐	☐	☐	☐	☐	☐	☐	☐

¿QUÉ HICE HOY PARA "MANTENER EL RITMO"?

____

____

____

ENERGÍA EN LA MESA: UN ALIMENTO QUE ME DIO EL *SPRINT*

____

UN ALIMENTO, UN PLATILLO, UNA COMIDA QUE ME DIO EL BAJÓN

____

DORMÍ DE LAS ________ A LAS ________ Y CUANDO DESPERTÉ ME SENTÍ:

____

DURANTE EL DÍA ME SENTÍ SOMNOLIENTO SÍ NO

ME ECHÉ UN SUEÑITO SÍ NO

HOY PASÉ ______ HORAS EN LA SILLA O EN EL SOFÁ

HOY HICE ESTOS EJERCICIOS

PARA CUIDAR DE MÍ HICE...

Y ME SENTÍ:

LA COSA O PERSONA QUE MÁS ENERGÍA ME DIO HOY

LA COSA O PERSONA QUE MÁS ENERGÍA ME QUITÓ HOY

UN PEQUEÑO BUEN HÁBITO QUE APRENDÍ ESTE DÍA

MIS PROPÓSITOS PARA MAÑANA

ESTE ES UN DÍA PARA

☐ RECORDAR

☐ OLVIDAR

PASO 2

cambia al menos un hábito

ENCUENTRA EL RITMO CORRECTO

La luz es el mayor "sincronizador" del organismo: hemos evolucionado durante miles de años con el ritmo del día y la noche como punto de referencia de nuestras jornadas, e incluso hoy, en nuestro mundo hipertecnológico, la luz solar sigue siendo el "marcador de ritmo" más importante para todos.

No es casualidad que el principal reloj biológico del organismo, en el hipotálamo, esté formado por un puñado de unas 20 mil células nerviosas que recogen información del haz retino-hipotalámico, un sistema visual muy "rudimentario" y ancestral que solo indica si afuera hay luz u oscuridad: a partir de estos datos de "encendido/apagado", el núcleo sincroniza las actividades de todo el cuerpo y esto, como hemos visto, es crucial para mantener buenos niveles de bienestar físico y emocional.

En resumen, no se trata de ser meteorópatas y preferir el sol a la lluvia: **necesitamos luz para recargar nuestros niveles de energía,** que pueden ser muy diferentes a lo largo del año según cambie la duración de las horas de luz solar.

¿SOL O LUZ ARTIFICIAL?

Nuestra estrella no solo sirve para "recargar" los paneles solares que proporcionan electricidad, sino también para que cada uno de nosotros recargue sus propias baterías. Cuando afuera está oscuro, el principal reloj biológico en el cerebro activa las señales para la producción de hormonas como la melatonina, la hormona del descanso que le indica al cuerpo que entre en modo de ahorro de energía: la temperatura interna disminuye, la actividad enzimática se reduce, el metabolismo se ralentiza y aparece la somnolencia, por lo que es más fácil conciliar el sueño. Por eso **en otoño e invierno, cuando los días son más cortos y menos luminosos,** se produce más melatonina y con mayor frecuencia experimentamos fatiga, que no es física ni laboral, sino mental. Te sientes decaído, el sueño no es reparador, te apetece comer carbohidratos, lo que a su vez provoca somnolencia. Sin embargo, también puede producirse en primavera si, por ejemplo, no pasas suficiente tiempo al aire libre.

Podríamos pensar que es posible "engañar" al reloj biológico y despertarnos con luz artificial. Al fin y al cabo, con la revolución industrial y la llegada de la electricidad, el hombre se ha "desenganchado" del principal sincronizador, la alternancia entre luz y oscuridad, así que ¿por qué no son suficientes las luces de la ciudad o una lámpara encendida en casa para devolvernos algo de energía?

Por desgracia, la cosa no es tan sencilla, porque nuestro cuerpo "lo sabe": **la luz buena que da energía es la luz del sol,** de la que nos saciamos estando al aire libre. De hecho, cuando nos exponemos a la luz artificial cuando es hora de dormir o descansar corremos el riesgo de alterar aún más los ritmos circadianos, con un efecto negativo sobre el cansancio percibido.

¡CUIDADO CON ESA PANTALLA!

Peor aún si la luz a la que nos exponemos por la noche, cuando está oscuro, es la de un teléfono, computadora o tableta: la luz azul que emiten las pantallas y también la procedente de los LED de lámparas y farolas (incluso la que parece luz blanca tiene en realidad un componente azul) **suprime la producción de melatonina** mucho más que las lámparas y focos clásicos y la luz solar. ¿El resultado de vivir en ciudades iluminadas y tener pantallas por todas partes? La "buhificación" de la sociedad: cada vez dormimos menos y además corremos el riesgo de estropear nuestro metabolismo. Si en lugar de dormir en la noche estás revisando tus redes sociales, tu cortisol aumenta y se altera el equilibrio de las hormonas que regulan el hambre y la saciedad en detrimento de tu salud. Puedes protegerte con pantallas con emisión reducida de luz azul, o lentes de contacto o anteojos que la filtran, pero lo que es importante que aprendas es cómo aprovechar al máximo la luz natural cuando está ahí, siguiendo el ritmo de los días y las estaciones, quizá con algunos trucos que te ayuden a llenarte de luz incluso cuando la luz natural es menos abundante.

DATO CURIOSO: LA NOCHE "ROBADA"

Desde los albores de la civilización, el hombre ha intentado "apoderarse" de la oscuridad, iluminando la noche. Hoy lo hemos conseguido: 75% de la población de la Tierra nunca ha visto la Vía Láctea porque vive en ciudades más grandes y luminosas. El exceso de luz nocturna altera nuestros ciclos y ritmos, pero también cambia el comportamiento animal, con implicaciones de no poca importancia para el equilibrio del ecosistema: por ejemplo, los mirlos de las ciudades comienzan sus cantos de amanecer hasta 5 horas antes que los mirlos del campo, debido al alambrado público y las luces de tránsito; los ciclos de algunas plantas que florecen de noche se han desfasado, haciéndolas más sensibles al frío o a la sequía; las actividades de depredación o apareamiento de muchos animales se han visto igualmente afectadas.

EN PRÁCTICA

TU DOSIS DE SOL

Cuando tu energía esté por los suelos, exponte a la luz natural todo lo que puedas. Si te cuesta levantarte por las mañanas, deberías intentar permanecer al aire libre desde las primeras horas del día, por ejemplo, e ir a pie a la oficina, sobre todo en otoño e invierno. Esto es de especial importancia en los meses en que la luz natural escasea, pero es un buen punto de inicio siempre porque, como hemos visto, por la mañana es cuando el cuerpo se despierta. Entonces ese es el momento en el que necesitas acumular más energía, además de ingerir un buen desayuno y pasar algún tiempo al aire libre. Por tanto, las primeras horas del día son las mejores para estar afuera: desde pasear al perro hasta hacer ejercicio en espacios abiertos, desde caminar rumbo a la parada del autobús hasta ir de compras al mercado, ¡encuentra una buena excusa para estar al aire libre todo lo que puedas durante la mañana!

Pero ¿qué hacer en invierno, cuando a media tarde ya está oscuro en algunas ciudades? Si sientes que la fatiga se intensifica de forma muy, muy molesta, puedes probar a retrasar un poco la producción de melatonina exponiéndote a la luz azul artificial de las pantallas de tabletas y móviles, que en este caso puede resultar un aliado útil para mantenerte despierto. Por desgracia, es un paliativo, porque no energiza tanto como el sol, pero sobre todo hay que tener cuidado de no dejarse llevar: si durante las tardes invernales de las 4:00 a las 8:00 la luz artificial puede ser una alternativa para los más perezosos porque aleja el sueño, este tipo de luz y el uso de las pantallas deben evitarse siempre después de cenar porque, de lo contrario, corres el riesgo de alterar el ritmo de la jornada y pronto te sentirás más cansado que antes.

Por último, también puedes "invitar" a la luz natural a tu casa: si tienes la suerte de tener ventanas orientadas al este y al sur, estás en la mejor posición para dejar entrar la luz solar y disfrutarla incluso sin salir, precisamente cuando más la necesitas, por la mañana y al mediodía. Si la exposición de la casa es menos luminosa, intenta al menos retirar las cortinas o mantenlas abiertas para que entre la mayor cantidad de luz posible durante el día.

LA DIETA QUE DA EL *SPRINT*

¿Has pensado alguna vez lo importante que es no solo lo que comes, sino también lo que bebes para no sentirte con poca energía? Los líquidos tienen un gran impacto en los niveles de energía y el agua más que ningún otro: si bebemos poco y estamos deshidratados, de hecho, el cerebro funciona peor. Se ha demostrado, por ejemplo, que perder un litro de agua corporal tiene un efecto sobre la función cerebral similar al de dos meses y medio de Alzheimer: si escasean los líquidos, en definitiva, no solo se reseca tu piel, sino también tu cerebro y reduces tu capacidad de atención, concentración y memoria. Conducir sin haber bebido suficiente agua, por ejemplo, puede ponerte en riesgo de un accidente porque tus reflejos se deterioran; además, la fatiga mental de la que muchos sufren en verano es a menudo culpa de la deshidratación. Beber mucha agua también sirve para mantener la eficiencia de todos los órganos, aparatos y células: **casi todos los procesos y reacciones del cuerpo necesitan agua para llevarse a cabo,** por lo que beber agua ayuda a tener músculos más eficientes y menos cansados. El agua también mantiene sano el "sistema de autolimpieza" del organismo: es necesario un aporte suficiente de líquidos para que los procesos metabólicos funcionen de manera óptima, lo que permite la eliminación de toxinas, residuos y productos de desecho para un efecto desintoxicante diario y natural que ayuda a mantener el cuerpo y la mente sanos y llenos de energía.

EN PRÁCTICA

PARA QUE BEBAS LO SUFICIENTE

La "dosis" recomendada de agua es de unos dos litros al día, pero puede ser mayor cuando hace mucho calor o cuando haces ejercicio y pierdes líquidos a través del sudor. Para saber si estás bebiendo suficiente agua o si te estás arriesgando a deshidratarte, solo mira el color de tu orina, si es muy clara está bien, pero si ya se mira turbia quizá necesites aumentar los vasos de agua. Acaso también requieras comer más frutas y verduras: la cantidad adecuada de verdura proporciona aproximadamente un litro de agua al día.

UNA REGLA QUE NO DEBES OLVIDAR: no esperes a tener sed para beber, porque la sensación de sed aparece cuando ya estás un poco deshidratado y en situación de "estrés hídrico". Por eso es útil marcarse objetivos fácilmente "visibles", para que no se te olvide que debes de consumir líquidos: por ejemplo, puedes beber un vaso de agua cada hora, o llevar la cuenta de beber al menos diez vasos de agua durante el día, o servirte siempre de la misma botella hasta que se acabe, de modo que puedas comprobar de forma simple cuánto líquido has bebido.

Lo primero que deberíamos hacer al levantarnos por la mañana es beber un vaso de agua. Mientras dormimos, seguimos expulsando vapor de agua con la respiración, transpiramos por la piel y producimos orina, pero a diferencia de lo que ocurre durante el día, no reintroducimos líquidos: cuando nos despertamos, estamos necesariamente un poco deshidratados y si queremos afrontar el día con energía, primero debemos restablecer nuestro suministro hídrico con uno o dos vasos de agua. También puedes añadirle un poco de jugo de limón: no hay pruebas científicas de que sea *tan* desintoxicante como mucha gente cree, pero si te gusta su sabor ácido y refrescante, es estupendo para empezar.

NO SOLO AGUA

Los demás líquidos que ingieres a lo largo del día ayudan a mantener controlado el equilibrio hídrico, pero pueden tener efectos muy distintos en tu salud y también en tu nivel de energía.

BEBIDAS AZUCARADAS. Puede que te den ganas de beberlas porque gracias al azúcar que contienen —una pequeña "bomba" instantánea de energía, tanto que se habla de "euforia azucarada"— parecen darte un empujón extra y ayudan a quitarte el cansancio. En realidad, si te excedes, tienen el efecto contrario, porque el subidón repentino de azúcar en sangre y el posterior colapso al final del día pueden tener un efecto negativo en tus niveles de energía; además, como regla general es mejor no recurrir a ellas porque aportan muchísimas calorías.

JUGOS DE FRUTA, NATURALES Y ENVASADOS. Cierto tipo de licuados, jugos y extractos naturales pueden ser una buena forma de asegurarte la cantidad adecuada de líquidos con un aporte adecuado de vitaminas y minerales que también son útiles para combatir la fatiga; distinto es el caso de los jugos de frutas azucarados, ya que como hemos mencionado, el azúcar puede ser un "falso amigo" si lo ingerimos en exceso.

TÉ E INFUSIONES. También puedes elegir infusiones con efecto energético, por ejemplo, a base de menta o con ginseng, para obtener una ayuda extra (pero no esperes milagros). Sin embargo, hay que tener cuidado de no excederse con el té, porque mucha teína puede favorecer la diuresis y tener el efecto contrario, facilitar la deshidratación.

ALCOHOL. Lo mejor es limitarlo. El alcohol, sobre todo si lo bebemos a horas en las que el cuerpo está fisiológicamente un poco más cansado, como después de comer y de cenar, induce somnolencia y "roba" energía. Además, el alcohol, si se consume por la noche, al principio ayuda a conciliar el sueño, pero luego provoca despertares nocturnos, arruina la calidad del sueño y, por tanto, "cansa" a largo plazo.

BEBIDAS ENERGÉTICAS. Lo dicen bien en el nombre: te dan un subidón de energía. Estas bebidas contienen cafeína, estimulantes como el ginseng y el guaraná, y taurina para mejorar el rendimiento deportivo y potenciar los efectos de la cafeína. No hacen daño, pero si las consumes mucho, podrías correr riesgos: la cafeína, por ejemplo, puede ser adictiva, conducir a un detrimento de la salud (arritmias, irritabilidad, hipertensión, insomnio) y una posible dependencia psicológica. Nunca deben consumirse junto con alcohol: sus ingredientes estimulantes combinados con la desinhibición que provoca el alcohol pueden llevarte a acciones peligrosas y facilitar el abuso de otras sustancias —y del propio alcohol—, porque podrían ayudarte a subestimar tu estado de embriaguez.

UN CAFÉ PARA ANIMARTE ¿SÍ O NO?

Es la bebida energética por excelencia: ¿quién no piensa en un café cargado cuando se siente un poco indispuesto? El café "despierta", no cabe duda: proporciona energía, te mantiene alerta y mejora la memoria y la concentración, gracias a la acción de la cafeína sobre el sistema nervioso central. Sin embargo, los efectos de la cafeína son muy heterogéneos y existe una enorme variabilidad individual, por lo que lo antes dicho no se puede generalizar. Cada persona debe conocerse para saber si el café es su mejor antídoto contra la fatiga y pensar en qué medida este puede provocarle adicción y tolerancia, al igual que ocurre con las drogas.

DEPENDENCIA. Se calcula que 50% de las personas a las que les gustaría reducir su consumo de café tienen serias dificultades para hacerlo. Existe incluso el "trastorno por consumo de cafeína". Si quieres mantener bajo control tu consumo de café, pero no puedes, o si cuando no bebes café durante un día entero acabas con dolores de cabeza, fatiga, altibajos en el estado de ánimo y dificultad para concentrarte, síntomas que desaparecen tras volver a beber el primer café, es casi seguro que hayas desarrollado adicción a la cafeína.

TOLERANCIA. En aquellos que consumen mucha cafeína, los efectos disminuyen gradualmente, por lo que, con el tiempo, para tener el mismo grado de alerta después del primer café hay que beber dos tazas en lugar de una, después tres, y así sucesivamente, para aumentar la "dosis".

¿CUÁNTO CAFÉ? Lo mejor es no superar los 300 o 400 miligramos de cafeína al día, lo que corresponde a 4 o 5 tazas pequeñas de café expreso. El contenido de cafeína puede variar mucho en función de las mezclas utilizadas y de cómo se preparen: con una cafetera tradicional italiana, conocida como moka, el café permanece en contacto con el agua un par de minutos —apenas 30 segundos si lo ordenas en una cafetería—, y de cinco a seis minutos cuando preparas un americano, por lo que en un café preparado en casa o en la cafetería hay entre 50 y 80 miligramos de cafeína, mientras que en el americano hay de 120 a 180 por taza. Las mujeres embarazadas, las personas que sufren ansiedad o insomnio, los pacientes con hipertensión, cardiopatías o incontinencia urinaria no deben superar los 200 miligramos al día, además de prestar atención a otras fuentes de cafeína como el té, el chocolate, las bebidas energéticas y algunas bebidas carbonatadas o gasificadas.

LA HORA PERFECTA. No sirve de nada tomar café apenas te levantes, porque el cortisol producido a primera hora de la mañana ya nos mantiene despiertos: es mejor beberlo cuando esta hormona desciende, es decir, entre las 10:00 y las 12:00 horas, y después de la comida de la tarde.

EL EFECTO PARADÓJICO DEL CAFÉ. A corto plazo, no hay duda de que el café te dará un buen subidón de energía, pero a largo plazo puede tener el efecto diametralmente opuesto si sigues recurriendo a él para combatir la fatiga: de hecho, la cafeína aleja el sueño y se une a los receptores cerebrales en lugar de a una molécula que se acumula durante el día y "señala" la necesidad de descansar, la adenosina. El organismo reacciona produciendo más enzimas para eliminar con rapidez la cafeína: cuando esta desaparezca, la "presión del sueño" será muy alta y la fatiga aparecerá de repente. Si tomas más café para combatir este efecto, acabarás iniciando un círculo vicioso en el que reducirás tu cuota de sueño, en detrimento de tener suficiente energía durante el día.

CONTENIDO PROMEDIO DE CAFEÍNA EN UNA TAZA

- Café expreso: aproximadamente 50 miligramos por taza
- Café americano: 150-180 miligramos por taza
- Café soluble: aproximadamente 60-100 miligramos por taza
- Café descafeinado: 3 miligramos por taza

SUEÑO Y RELAJACIÓN PARA RECUPERARSE

Dormir lo suficiente es esencial para que no te sientas perpetuamente agotado, eso está claro. Y si tu estilo de vida y el ritmo de tu jornada laboral no te permiten obtener la "dosis" adecuada de sueño, puedes tener problemas. De hecho, **la privación crónica del sueño tiene muchos efectos negativos en la salud**, incluido un mayor riesgo de enfermedades cardiovasculares y metabólicas, y a nivel cognitivo, incluso una modesta, pero constante y continua reducción del sueño disminuye la capacidad creativa y de resolución de problemas, favorece la aparición de ansiedad, induce problemas de atención y concentración que empeoran el rendimiento mental. ¿Cómo aprovechar al máximo el tiempo de sueño del que dispones?

Si, en general, eres regular en tu ciclo de sueño/vigilia, unas pocas desviaciones de la regla en exceso o en defecto no serán perjudiciales y puedes "recuperar" sueño, por ejemplo, quedándote un poco más de tiempo bajo las sábanas el fin de semana para reponerte de una o dos noches demasiado ajetreadas durante la semana.

Si buscas sumergirte en una noche de recuperación, favorece tu descanso con una cena *ad hoc*: acostarte con el estómago vacío es contraproducente porque el hambre puede activar los centros de vigilia, pero una cena muy abundante también es un error porque un esfuerzo excesivo en la digestión puede crear problemas de continuidad del sueño. Di no a los alimentos ricos en sodio que favorecen la exaltación, ni a las comidas demasiado proteicas que requieren más esfuerzo para digerir: son mejores los hidratos de carbono y los lácteos, que contienen triptófano, necesario para la producción de serotonina, un neurotransmisor que favorece el sueño. Llegado a este punto, estás listo para meterte bajo las sábanas sin poner el despertador, para que recuperes energías y recargues las pilas de verdad.

EN PRÁCTICA

LA SIESTA ENERGÉTICA (*POWER NAP*)

Así se llama ahora, pero no es más que la siesta, la clásica siestecita: el momento típico para echarse la siesta es después de comer, cuando te sientes más somnoliento y cansado. La siesta energética diurna debe durar unos veinte minutos, por lo que puedes tomarla si te duermes con facilidad y pones la alarma: esto puede tener efectos positivos sobre el cerebro y los niveles de energía, y ayudarte a retomar tus tareas con más energía y con la mente despejada.

En cambio, si la siesta es demasiado larga, corres el riesgo de que se desencadene la "inercia del sueño", una fase en la que se duerme muy profundamente y resulta difícil despertarse, por lo que después estarás irritable, desconcentrado, incluso muy hambriento.

La siesta clásica se adapta a la tendencia natural a dormitar después de comer, pero también se puede hacer en otros momentos. Sin embargo, no es buena si padeces insomnio: si el sueño escasea, es mejor no dispersarlo a lo largo de 24 horas, sino concentrarlo por la noche, así, cuando llegues cansado por la tarde, podrás conciliar el sueño con mayor facilidad, de lo contrario, corres el riesgo de arrastrar sueño y cansancio durante más tiempo.

CONTRA EL CANSANCIO: ¡MUÉVETE!

Para reponer energías tienes que moverte, pero no es necesario que realices una actividad deportiva demasiado extenuante: a veces basta con un poco. Por ejemplo, aprovecha el mejor momento del día, la mañana, para hacer ejercicio.

Piensa en los gatos y los perros: nada más despertarse se estiran y se toman su tiempo para ponerse en marcha, lo mismo necesitas tú cuando te levantas de la cama para afrontar el nuevo día.

¿No te gusta correr o caminar al amanecer, la mera idea de **salir de casa en invierno te agobia** y antes de desayunar tu cerebro y tu cuerpo se sienten desconectados, inmersos en una niebla de fatiga? Puedes hacer unos minutos de ejercicios sencillos sin moverte de casa, pero que te ayudarán a despertarte y afrontar el día con energía.

Primer paso, abre la ventana: **deja que entre la luz, respira el aire de la mañana** y luego dedícate diez minutos para empezar con el pie derecho. He aquí algunos consejos.

DESPIERTA LOS MÚSCULOS

Despertar los músculos es una excelente estrategia para estimular el cuerpo y la mente por la mañana, un pequeño ritual al que dedicarte y que merece que pongas el despertador unos minutos antes. Realizar movimientos "suaves", pero permitir que todos tus músculos se activen lentamente, te ayudará a reducir el estrés y aumentar tu energía, porque "entrarás" en el día de forma más natural y gradual, pero también acelerarás tu metabolismo al tonificar tus músculos, lo que beneficiará tu salud física. He aquí algunos consejos para un despertar ideal.

RESPIRA Y ESTÍRATE. Acuérdate siempre de respirar profundamente cuando tu cuerpo se despierte, llevando el aire hasta la parte más profunda de los pulmones. Empieza a hacerlo cuando aún estés en la cama, y estira los brazos y las piernas incluso antes de salir de debajo de las sábanas.

VE AL BAÑO. Orina, ¡tus riñones han estado trabajando toda la noche para expulsar toxinas! A continuación, bebe uno o dos vasos de agua para reintroducir líquidos y empezar a poner en movimiento todos tus órganos, incluidos los músculos y el cerebro.

ESTÍRATE. Empieza con algunos estiramientos: alarga la espalda manteniendo los brazos extendidos por encima de la cabeza y tirando de ellos hacia arriba, luego estírate también hacia los lados y baja hasta tocarte los pies con las manos. Extiende brazos y piernas.

MUÉVETE. Despertar los músculos también es bueno para desentumirte: gira la cabeza para movilizar el cuello, haz círculos con los brazos y los pies, balancea las piernas hacia delante y hacia atrás, levántate sobre las puntas de los pies y da algunos pasos para activarte poco a poco.

TONIFICA. Añade algunos ejercicios para tonificar grupos musculares específicos: puedes hacer sentadillas y algunas zancadas para las piernas, sin olvidar algunas lagartijas, muy útiles para fortalecer los músculos abdominales.

Ahora, ve a darte un regaderazo y luego un desayuna bien, ¡sentado a la mesa!

UNA POSTURA CORRECTA

Además del despertar muscular, no pierdas la oportunidad de ejercitarte durante el resto del día: en cualquier momento puedes realizar algunos ejercicios para mover y tonificar las articulaciones, incluso mientras estás en tu escritorio, cuando estás sentado en el autobús o en el metro, mientras estás en el elevador.

No necesitas mucho: cuando te encuentres en una silla puedes, por ejemplo, hacer algunos ejercicios de estiramiento de las extremidades superiores, contraer los glúteos o mover las piernas como si estuvieras marchando, manteniendo al mismo tiempo los músculos abdominales contraídos; parado, puedes cambiar el peso de una pierna a otra o levantarte sobre las puntas de los pies, o girar el cuello a derecha e izquierda.

Esta actividad microfísica es útil porque no te quedas quieto mucho tiempo, pero también porque evita que permanezcas en posturas incómodas que "cansan" al cuerpo.

Si mantienes una postura incorrecta, tus músculos tienen que trabajar extra para sostenerte, y al hacerlo se fatigan más y más rápido que cuando tu cuerpo está bien alineado, sentado o de pie; además, **una postura incorrecta puede comprometer el buen flujo circulatorio** hacia las células y los tejidos, y esto fatiga al organismo porque significa proporcionarle un suministro de oxígeno más pobre.

Mantener una postura correcta en todo momento, en pocas palabras, significa hacer que el cuerpo trabaje con la máxima eficacia y, por tanto, fatigarlo menos.

EN PRÁCTICA

CÓMO SENTARTE Y CÓMO ESTAR DE PIE

Esta es la postura correcta para permanecer sentado ante el escritorio y para permanecer de pie, por ejemplo, cuando se hace alguna fila.

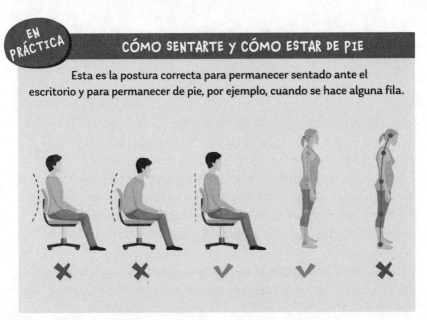

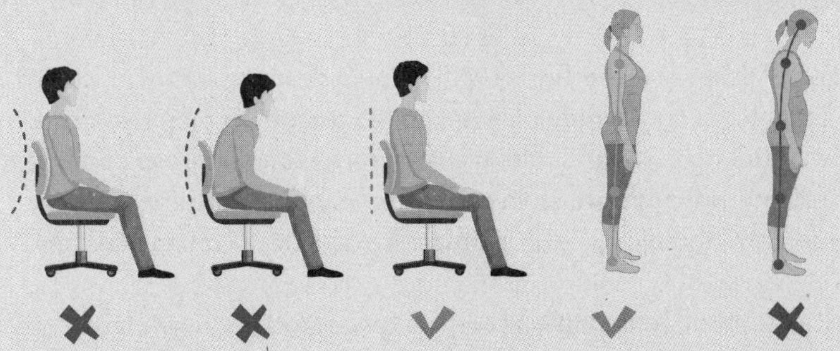

CUIDA DE TI

El optimismo es el perfume de la vida: lo decía un anuncio y la ciencia lo ha confirmado. De hecho, es una de las mejores formas de caminar por la senda del bienestar y es tan poderoso como la medicina: **ver siempre el vaso medio lleno te mantiene sano,** te ayuda a vivir mejor y es un calmante muy eficaz contra el estrés.

Mirar el mundo con lentes color de rosa también te ayuda a recargar la energía, porque es una inyección de positividad: ser optimista, de hecho, te ayuda a evitar situaciones estresantes y a no vivir con ansiedad los acontecimientos problemáticos de la vida.

Un corazón contento no esconde los problemas debajo de la alfombra, sino que ante los obstáculos puede encontrar mejores soluciones porque es más capaz de centrarse en lo que realmente importa, no se desanima, busca soluciones e incluso encuentra más de ellas gracias a una mayor capacidad de resolución de problemas y de pensamiento estratégico. Además, controla mejor las emociones negativas que podrían obstaculizarle y es más resiliente, no cede ante el victimismo, sino que intenta reaccionar: **pone manos a la obra para hacer frente al problema** con todos los recursos que tiene, incluidas las relaciones con los demás, que suelen ser más entrañables, más satisfactorias e incluso más numerosas que las de un catastrofista.

El optimismo funciona entonces como un regulador del estado de ánimo, de modo que quienes tienen un enfoque positivo de los acontecimientos experimentan la adversidad de forma menos dramática: el optimista, que busca y ve lo bueno, aunque no sea evidente, se siente contento y vive con mayor serenidad hasta en circunstancias muy complicadas o si no recibe el apoyo adecuado de los demás.

Y como el optimista es también realista, no se fija metas imposibles: las alcanza, encontrando así aún más razones para sonreír a la vida.

EN PRÁCTICA

CÓMO VOLVERTE OPTIMISTA

¿Tiendes a ver todo negativamente? ¿Te preocupas más de lo necesario? ¿Eres pesimista? Siempre puedes volverte optimista para recuperar el impulso energético que te da el hecho de ver la vida con lentes color rosa. He aquí algunos "trucos" que puedes poner en práctica:

USA EL "REENCUADRE POSITIVO". Siempre hay otra forma de ver las cosas: si la lluvia te impide tomar el sol en la terraza, ¿por qué no aprovechas para leer en el sofá? Al principio hay que esforzarse por encontrar el lado positivo de las situaciones, pero luego se vuelve una opción automática. ¡Debes probarlo para creerlo!

APUNTA ALTO. Identifica todo aquello que en el día a día ves como desde una óptica negativa, sea en el trabajo, en una relación o en algo más: eso es lo que te roba energía. Intenta concentrarte con todas tus ganas para verlo con optimismo y desde una perspectiva más positiva.

DETENTE Y REFLEXIONA. Varias veces a lo largo del día procura detenerte a pensar en lo negativos que son tus pensamientos para

EN PRÁCTICA

intentar cambiar su enfoque si son demasiado "negros". Por ejemplo, si tienes delante un reto, esfuérzate por imaginar que obtienes un buen resultado en lugar de dar por sentada la derrota desde el principio.

SÉ AMABLE CONTIGO MISMO. También es un ejercicio de optimismo ser amable contigo mismo y darte ánimos, o cuidarte con un estilo de vida saludable, porque sentirte bien da una perspectiva más brillante del mundo.

DESCONÉCTATE DE LAS REDES SOCIALES. Cuando las fotos de Instagram de personas que parecen vivir de manera maravillosa o tener dones excepcionales de belleza, talento y suerte, te conducen a una comparativa malsana, que te lleva a creer que no tienes suerte o que no eres interesante, es mejor que te desconectes un rato, porque las dudas sobre uno mismo y el mal humor disparan el pesimismo (y ni siquiera merece la pena: ¿estás seguro de que detrás de las vidas deslumbrantes de las redes sociales hay una realidad igual de deslumbrante?).

HAZ EJERCICIOS DE POSITIVIDAD... Bastan cinco minutos de malas noticias por la mañana para echar un velo negro sobre el día: no escuches las noticias todo el tiempo, tómate descansos de la información. Trata de llevar un "diario de gratitud" o utiliza este planner de energía también para eso: anota cada día algo que te haya hecho sentir bien, aunque solo haya sido tu café matutino o un gesto amable de un desconocido, o tus pequeños logros que nadie más nota, porque releerlos es una buena inyección de autoestima a favor del optimismo.

... Y DE REALISMO. Una regla que puede parecer una tontería pero que es necesaria: el verdadero optimista es un realista, cualquiera que no lo sea independientemente de los acontecimientos es víctima de una ilusión y corre el riesgo de hacerse daño a sí mismo.

En resumen, asumir que naciste con buena estrella y que todo irá bien sin importar nada es un camino seguro hacia la ruina.

EL MÁGICO PODER DE LA RISA

No pierdas la oportunidad de reír, porque la risa es un remedio instantáneo, que tiñe el mundo de rosa, contra el estrés. En promedio, todos reímos unas dieciocho veces al día, pero, según los estudios, quienes lo hacen más a menudo reaccionan mejor ante situaciones complicadas e incluso cuando están bajo presión no se dejan abrumar por la ansiedad, ni manifiestan síntomas físicos o psicológicos de estrés y agotamiento, desde dolores de cabeza hasta agitación. La risa frecuente, ya sea a carcajadas o más medida, **te acerca a los demás y te ayuda a mantener relaciones positivas**, mejorando la comunicación interpersonal. Contar con una red de apoyo para los momentos difíciles nos hace sentir seguros y protegidos, y con ello disminuye nuestra la ansiedad y la liberación de hormonas del estrés que dañan el cerebro y favorecen la fatiga y la sensación de agotamiento, como el cortisol.

Reír también estimula la producción de endorfinas, que son las hormonas responsables de la sensación de placer asociada a la risa, de la menor susceptibilidad a los efectos negativos del estrés y del fortalecimiento de los vínculos interpersonales que son posibles cuando te ríes con otras personas. De hecho, las endorfinas fomentan el sentimiento de cohesión social y no es casualidad que la risa sea contagiosa: quienes se unen a la risa de los demás enviarán más endorfinas a su torrente sanguíneo y, así, se sentirán más conectados con los demás. Los beneficios no acaban ahí: reír aumenta la liberación cerebral de serotonina, el neurotransmisor del bienestar, hasta el punto de que **la "risaterapia" se considera un buen antidepresivo**. Por último, la risa aumenta los niveles de dopamina y esto, además de contribuir a la sensación de gratificación, ayuda al cerebro a funcionar mejor y, por ejemplo, a mejorar la memoria y la capacidad de aprendizaje.

Y SI NADA TE HACE REÍR, ¡FINGE!

Como dice la canción, si sonríes al mundo, el mundo te sonreirá a ti: está demostrado que incluso fingir que sonríes aumenta la producción de endorfinas en el cerebro.

De hecho, el movimiento de los músculos faciales que participan en una sonrisa "engaña" a la amígdala, una zona del cerebro crucial para gestionar las emociones, y se desencadenan mecanismos que promueven el bienestar y la positividad. Las acciones y las sensaciones son percibidas por el cerebro como un todo: mover los músculos como si rieras puede "convencerte" de que estás experimentando una sensación agradable y, esto puede ser muy útil para el bienestar mental, por ejemplo para superar momentos difíciles.

UN CONSEJO ADICIONAL

¿Te gustan los videos de gatitos en YouTube? No son un pasatiempo inútil como podrías pensar: al parecer, bastan veinte minutos al día de videos divertidos para sonreír lo necesario a fin de disminuir el estrés, levantar el buen humor y tener un efecto positivo en la memoria, la recuperación de la energía y del impulso de vivir. Reír también hace bien a nivel físico: acelera el ritmo cardiaco, mejora la circulación, dilata los pulmones e incluso quema calorías, a tal grado que para el sistema cardiorrespiratorio cien risas se pueden "traducir" en una docena de minutos de actividad física.

LADRONES DE ENERGÍA

Es normal que después de una comida copiosa te sientas cansado, pero si la fatiga es persistente y no hay otras razones para sufrirla, quizá valga la pena preguntarse si no habrá detrás de esa ingesta alguna intolerancia alimentaria. Cuando no digerimos adecuadamente un alimento y seguimos consumiéndolo, quizá porque no sabemos que somos intolerantes, **el organismo produce una cantidad excesiva de cortisol** y esto puede inducir fatiga y "niebla" mental.

Las intolerancias alimentarias, en el sentido más amplio del término, son trastornos inducidos por la ingesta y dependen de diversos mecanismos, como la falta de enzimas para metabolizar un alimento. Es el caso, por ejemplo, de la deficiencia de lactasa, la cual sirve para digerir la lactosa, o de las reacciones inmunitarias anormales a un componente de los alimentos, como la respuesta desencadenada por el gluten que es la causa de la enfermedad celíaca. Otras intolerancias se presentan en personas sensibles y reactivas a moléculas o aditivos de ciertos alimentos, como la histamina de algunos pescados, la tiramina de los quesos curados, el glutamato de los cubitos de caldo o los sulfitos del vino. Las intolerancias pueden estar asociadas a la cantidad de ingesta, por lo que suele haber una dosis umbral que no provoca síntomas. Si ingieres pequeñas cantidades del alimento en cuestión es posible que no tengas molestias y, en algunos casos, que te "acostumbres" poco a poco a tolerarlo.

Las intolerancias más extendidas son: a la lactosa (en Italia, se estima que alrededor de 50% de la población padece una deficiencia de lactasa más o menos pronunciada) y al gluten, que afecta a 1% de los italianos; otro 5%, aproximadamente, padece diversas intolerancias, como a la levadura, al níquel o, cada vez más extendidas, a conservadores y aditivos como nitratos, sulfitos, colorantes, etcétera. También parece existir la hipersensibilidad no celíaca al gluten, que se diagnostica por exclusión porque la persona que lo padece no es alérgica al trigo ni es celíaca, pero presenta síntomas gastrointestinales o generales, como fatiga y mente nublada, después de ingerir alimentos con gluten y derivados del trigo, principalmente.

EN PRÁCTICA

¿TIENES ESTOS SÍNTOMAS?

El cansancio no es el único de los síntomas de las intolerancias alimentarias: la intolerancia a la lactosa incluye también inflamación, dolor, meteorismo (flatulencias), estreñimiento o diarrea de intensidad variable; en cuanto a la celiaquía otros síntomas incluyen diarrea, dolor abdominal, pérdida de peso, anemia, presencia de transaminasas altas, anomalías en el esmalte dental, problemas en el ciclo menstrual, dolor de cabeza, dolores musculares y articulares.

En general, las intolerancias alimentarias siempre producen una serie de síntomas gastrointestinales y generales de otra clase. Si sospechas que sufres algún tipo de intolerancia alimentaria, consulta a tu médico de cabecera, a un alergólogo o a un gastroenterólogo, quienes te sugerirán la realización de las pruebas diagnósticas necesarias. En el caso de la intolerancia a la lactosa sirve la prueba de hidrógeno en aliento, para la celiaquía hay pruebas específicas de sangre junto con una valoración intestinal.

¡CUIDADO CON LAS PRUEBAS FALSAS!

El diagnóstico de las intolerancias alimentarias para las que no existen exámenes clínicos específicos y validados, es decir, todas aquellas que no son a la lactosa ni celiaquía, se hace por exclusión: normalmente se le pide al paciente que lleve un diario detallado de los alimentos; en este diario debe anotar todo lo que come y cualquier síntoma que experimente, así como también cuánto tiempo después de la ingesta aparecen los síntomas.

Una vez identificado el alimento sospechoso, debe eliminarse de la dieta durante dos o tres semanas y reintroducirlo después: si los síntomas desaparecen y luego vuelven a aparecer, es posible que exista una intolerancia a ese alimento. Sin embargo, nunca hay que fiarse de las numerosas "pruebas" de intolerancia sin validez clínica ni respaldo científico de fiabilidad: **hay al menos ocho millones de italianos intolerantes "imaginarios",** convencidos de que no toleran el jitomate o la levadura, la leche o el trigo, pero en realidad pueden comer cualquiera de estos productos sin afectaciones reales.

Los "intolerantes imaginarios" también entrañan riesgos para la salud: a menudo se les recomienda eliminar un gran número de fuentes nutrimentales después de realizar pruebas de alimentos, empezando por los que más a menudo provocan molestias gastrointestinales.

Algunas veces, reducir el consumo de ciertos alimentos conlleva inicialmente a una sensación de bienestar, lo que puede convencer a algunas personas de que son verdaderos intolerantes cuando no es cierto. Cuando eliminan de la dieta productos importantes, como los lácteos o la carne, las personas **se exponen a un mayor riesgo de carencias de minerales esenciales,** como el calcio o el hierro, lo que ocasiona que terminen por sentirse más cansadas que antes.

VAMPIROS ENERGÉTICOS
EL NARCISISTA

Los vampiros narcisistas drenan tu energía porque no tienen ningún interés real en los demás, siempre se anteponen a sí mismos: esperan que tú hagas lo mismo alimentando su ego y, por mucho que los asistas, nunca podrán sentir empatía por ti.

CÓMO RECONOCER AL VAMPIRO-NARCISISTA. Es una persona que necesita estar todo el tiempo en primer lugar, y quiere que también tú la coloques en ese lugar, que siempre hagas lo que te pide y desea. No da cabida a tus deseos, y cuando parece que lo hace, en realidad, te está manipulando, pues en cuanto pueda volverá a ser el centro de atención. Si conoces a un vampiro-narcisista, es probable que te sientas impotente en la relación y privado de energía, siempre en la sombra y absorbido por sus necesidades.

CÓMO DEFENDERTE DE UN VAMPIRO-NARCISISTA. Conviene que mantengas lejos a este tipo de personas, porque es poco probable que reconozcan tus necesidades, emociones, ideas o las de cualquier otra persona. Si en tu trabajo te encuentras con un narcisista, puedes intentar contenerlo tratando de mostrarle cómo tus exigencias pueden satisfacer sus intereses, es decir: manipulándolo un poco.

CANSANCIO. ¿QUÉ DICE LA CIENCIA?

Las mujeres suelen tener una mayor carga de fatiga que los hombres, y hay poco que hacer al respecto. Con más frecuencia se sienten agotadas y suelen llegar exhaustas a la noche. En parte, esto se debe a que ahora **son auténticas equilibristas en sus propias vidas:** compaginar los horarios de trabajo con los compromisos familiares, el cuidado de los hijos con las tareas de atención a los padres ancianos es para muchas de ellas una verdadera carrera de obstáculos diaria que el *smartworking* no ha resuelto, sino todo lo contrario. Hoy en día, pareciera que las mujeres vemos cómo nuestros días se llenan de más compromisos, por lo que se convierte casi en una proeza no llegar al final del día agotada.

¿Cómo salir de este embrollo? Por desgracia, no se trata solo de bajar el ritmo cuando te percatas de que tus días están demasiado ocupados. Por supuesto que es necesario que lo hagas, **que te cuides más y dediques más tiempo a mejorar tu estilo de vida**, intentando desactivar la idea de tener que hacerlo todo, todo el tiempo; sin embargo, puede que esto no sea suficiente, porque hay momentos femeninos por antonomasia en los que es fisiológicamente más probable que te sientas cansada y fatigada debido a las fluctuaciones de las hormonas, estrógenos y progesterona. Veamos cuáles son esos momentos y cómo afrontarlos.

SÍNDROME PREMENSTRUAL. En los días previos al ciclo menstrual, los continuos cambios hormonales provocan síntomas como irritabilidad, ansiedad, malhumor, dolores de cabeza, dolor en los senos e incluso fatiga. Les sucede a entre 20 y 50% de las mujeres en edad fértil, con distintos grados de gravedad, debido a una sensibilidad individual más pronunciada de lo habitual a las fluctuaciones de estrógenos y progesterona, que a su vez influyen en otras hormonas y neurotransmisores como la serotonina, la molécula de la felicidad.

La fatiga, como otras dolencias, pasa poco después del inicio del ciclo, pero si sabes que tienes esta "cita" mensual con un bajón de energía, prepárate con tiempo. En los días previos procura evitar la sal y la cafeína, haz un poco más de ejercicio del habitual y cuida más tu alimentación, dando cabida a las verduras y los hidratos de carbono complejos.

EMBARAZO. La sensación de agotamiento y la falta de energía pueden ser compañeros frecuentes a lo largo de los nueve meses de espera.

En el primer trimestre, la culpa la tienen principalmente **los cambios hormonales**, que entre otras cosas provocan una reducción de la presión arterial, lo que hace que te sientas aún más "agotada". Quienes, además, padecen náuseas y tienen alguna dificultad para comer también pueden sentirse cansadas, mientras que una ligera ansiedad relacionada con la novedad a la que te enfrentas puede contribuir a la fatiga mental.

A medida que avanza la gestación, se añade el cansancio físico de lidiar con la panza, que puede verse agravado por las dificultades para dormir, aspectos muy frecuentes en muchas mujeres hacia el final de los nueve meses. Para sobrellevar la fatiga del bebé que se avecina, es importante que te dejes guiar por las sensaciones, no forzarte y tomarte el tiempo para descansar más. Una dieta adecuada es aún más esencial que nunca.

Consejos que también se aplican **cuando nace el bebé**: los primeros meses son objetivamente los más complejos de sobrellevar, por ello es importante que aprendas a no exigirte demasiado y que intentes descansar lo máximo posible, adaptando los horarios y compromisos a tus nuevas necesidades como madre y a las de tu bebé.

MENOPAUSIA. A medida que se acerca el final de la edad fértil, muchas mujeres se sienten física y mentalmente agotadas: cada persona es diferente, pero la fatiga crónica es un síntoma muy común en la peri-menopausia y la menopausia.

Una vez más, la debilidad percibida depende del cambio en los niveles circulantes de estrógenos y progesterona, que disminuyen gradualmente, y de una mayor probabilidad de alteraciones en la cantidad y calidad del sueño.

A esto se añade una mayor susceptibilidad a los efectos negativos del estrés, de modo que incluso lo que antes no suponía una amenaza ahora parece insuperable.

El resultado es un agotamiento perpetuo, más pronunciado después de cada mínimo esfuerzo, que te vuelve irritable y también te quita la capacidad de concentrarte, prestar atención y recordar.

El remedio, de nuevo, tiene que ver con **la conciencia de que estás atravesando un periodo "crítico"** y que, por ello, necesitas ser un poco más indulgente contigo misma, así como más cuidadosa con tu estilo de vida: ¡ahora es el momento de poner realmente en práctica todos los consejos antifatiga para recuperar la energía!

EL REFORZADOR ESPECIAL

Rodéate de naturaleza: ¡el verde es el color de la energía!

Para sentirte de verdad bien y para combatir el agotamiento físico y mental deberías pasar más tiempo en el verde y llevarlo al interior de tu casa, porque mantiene la ansiedad y el estrés bajo control, reduce la producción de hormonas como el cortisol y mejora el estado de ánimo incluso en quienes sufren depresión.

Según la llamada "teoría de la recuperación de la atención" es, además, un bálsamo de bienestar para nuestros cerebros multitarea: los espacios urbanos nos distraen con mil estímulos que conducen a la fatiga cognitiva, sumergirse en un entorno natural sirve para "desconectar" y estar más vital, concentrado y productivo. También hay efectos biológicos: el contacto con la naturaleza reduce la presión arterial y el ritmo cardiaco, la tensión muscular e incluso calma el dolor.

He aquí cómo llenar tus días de verde:

DA UN PASEO. Intenta caminar unos minutos cada día por parques y jardines: busca media hora entre compromiso y compromiso, no hace falta que recorras kilómetros.

SIÉNTATE. Centra tu mirada en las plantas o en algún arroyo: es una alternativa útil si no encuentras tiempo para realizar alguna actividad física al aire libre.

PROGRAMA ACTIVIDADES EN LA NATURALEZA AL MENOS DURANTE LOS FINES DE SEMANA. Es bueno para toda la familia: para que los niños jueguen con mayor libertad, para que los adultos se relajen y recarguen las pilas.

DI SÍ A UN TOQUE DE NATURALEZA EN EL HOGAR Y LA OFICINA. Coloca alguna planta en las habitaciones y en los balcones, te ayudará a sentirte mejor e incluso a ser más productivo: las plantas hacen que los trabajadores estén más satisfechos, les ayudan a concentrarse, mejoran su percepción de la calidad de vida, purifican el aire y todo ello aumenta el rendimiento laboral en no poca medida.

VOLTEA TU ESCRITORIO HACIA UNA VENTANA. Poder mirar al exterior en cuanto apartas la vista de los libros de texto o de la computadora te ayuda a recuperar energía: lo ideal es ver un paisaje natural, si no es posible ayúdate colocando una planta sobre la mesa.

BALANCE DE MI DÍA

FECHA ______________

LU MA MI JU VI SÁ DO
☐ ☐ ☐ ☐ ☐ ☐ ☐

¿CÓMO ME SIENTO ESTA NOCHE?

SATISFACCIÓN

	0	1	2	3	4	5	6	7	8	9	10
marca del 1 al 10	☐	☐	☐	☐	☐	☐	☐	☐	☐	☐	☐

CANSANCIO

	0	1	2	3	4	5	6	7	8	9	10
marca del 1 al 10	☐	☐	☐	☐	☐	☐	☐	☐	☐	☐	☐

¿QUÉ HICE HOY PARA "MANTENER EL RITMO"?

____

____

____

ENERGÍA EN LA MESA: UN ALIMENTO QUE ME DIO EL *SPRINT*

____

UN ALIMENTO, UN PLATILLO, UNA COMIDA QUE ME DIO EL BAJÓN

____

DORMÍ DE LAS ______ A LAS ______ Y CUANDO DESPERTÉ ME SENTÍ:

____

DURANTE EL DÍA ME SENTÍ SOMNOLIENTO SÍ NO

ME ECHÉ UN SUEÑITO SÍ NO

HOY PASÉ _______ HORAS EN LA SILLA O EN EL SOFÁ

HOY HICE ESTOS EJERCICIOS

PARA CUIDAR DE MÍ HICE...

Y ME SENTÍ:

LA COSA O PERSONA QUE MÁS ENERGÍA ME DIO HOY

LA COSA O PERSONA QUE MÁS ENERGÍA ME QUITÓ HOY

UN PEQUEÑO BUEN HÁBITO QUE APRENDÍ ESTE DÍA

MIS PROPÓSITOS PARA MAÑANA

ESTE ES UN DÍA PARA

- ☐ RECORDAR
- ☐ OLVIDAR

BALANCE DE MI DÍA

FECHA ____________

LU MA MI JU VI SÁ DO
☐ ☐ ☐ ☐ ☐ ☐ ☐

¿CÓMO ME SIENTO ESTA NOCHE?

SATISFACCIÓN

	0	1	2	3	4	5	6	7	8	9	10
marca del 1 al 10	☐	☐	☐	☐	☐	☐	☐	☐	☐	☐	☐

CANSANCIO

	0	1	2	3	4	5	6	7	8	9	10
marca del 1 al 10	☐	☐	☐	☐	☐	☐	☐	☐	☐	☐	☐

¿QUÉ HICE HOY PARA "MANTENER EL RITMO"?

____

____

____

ENERGÍA EN LA MESA: UN ALIMENTO QUE ME DIO EL *SPRINT*

____

UN ALIMENTO, UN PLATILLO, UNA COMIDA QUE ME DIO EL BAJÓN

____

DORMÍ DE LAS ______ A LAS ______ Y CUANDO DESPERTÉ ME SENTÍ:

____

DURANTE EL DÍA ME SENTÍ SOMNOLIENTO SÍ NO

ME ECHÉ UN SUEÑITO SÍ NO

HOY PASÉ ______ HORAS EN LA SILLA O EN EL SOFÁ

HOY HICE ESTOS EJERCICIOS

PARA CUIDAR DE MÍ HICE...

Y ME SENTÍ:

LA COSA O PERSONA QUE MÁS ENERGÍA ME DIO HOY

LA COSA O PERSONA QUE MÁS ENERGÍA ME QUITÓ HOY

UN PEQUEÑO BUEN HÁBITO QUE APRENDÍ ESTE DÍA

MIS PROPÓSITOS PARA MAÑANA

ESTE ES UN DÍA PARA

- [ ] RECORDAR
- [ ] OLVIDAR

BALANCE DE MI DÍA

FECHA ____________________

LU ☐ MA ☐ MI ☐ JU ☐ VI ☐ SÁ ☐ DO ☐

¿CÓMO ME SIENTO ESTA NOCHE?

SATISFACCIÓN

	0	1	2	3	4	5	6	7	8	9	10
marca del 1 al 10	☐	☐	☐	☐	☐	☐	☐	☐	☐	☐	☐

CANSANCIO

	0	1	2	3	4	5	6	7	8	9	10
marca del 1 al 10	☐	☐	☐	☐	☐	☐	☐	☐	☐	☐	☐

¿QUÉ HICE HOY PARA "MANTENER EL RITMO"?

____

____

____

ENERGÍA EN LA MESA: UN ALIMENTO QUE ME DIO EL *SPRINT*

____

UN ALIMENTO, UN PLATILLO, UNA COMIDA QUE ME DIO EL BAJÓN

____

DORMÍ DE LAS ______ A LAS ______ Y CUANDO DESPERTÉ ME SENTÍ:

____

DURANTE EL DÍA ME SENTÍ SOMNOLIENTO SÍ NO

ME ECHÉ UN SUEÑITO SÍ NO

HOY PASÉ ______ HORAS EN LA SILLA O EN EL SOFÁ

HOY HICE ESTOS EJERCICIOS

PARA CUIDAR DE MÍ HICE...

Y ME SENTÍ:

LA COSA O PERSONA QUE MÁS ENERGÍA ME DIO HOY

LA COSA O PERSONA QUE MÁS ENERGÍA ME QUITÓ HOY

UN PEQUEÑO BUEN HÁBITO QUE APRENDÍ ESTE DÍA

MIS PROPÓSITOS PARA MAÑANA

ESTE ES UN DÍA PARA

- ☐ RECORDAR
- ☐ OLVIDAR

BALANCE DE MI DÍA

FECHA ______________

LU ☐ MA ☐ MI ☐ JU ☐ VI ☐ SÁ ☐ DO ☐

¿CÓMO ME SIENTO ESTA NOCHE?

SATISFACCIÓN

	0	1	2	3	4	5	6	7	8	9	10
marca del 1 al 10	☐	☐	☐	☐	☐	☐	☐	☐	☐	☐	☐

CANSANCIO

	0	1	2	3	4	5	6	7	8	9	10
marca del 1 al 10	☐	☐	☐	☐	☐	☐	☐	☐	☐	☐	☐

¿QUÉ HICE HOY PARA "MANTENER EL RITMO"?

____

____

____

ENERGÍA EN LA MESA: UN ALIMENTO QUE ME DIO EL *SPRINT*

____

UN ALIMENTO, UN PLATILLO, UNA COMIDA QUE ME DIO EL BAJÓN

____

DORMÍ DE LAS ________ A LAS ________ Y CUANDO DESPERTÉ ME SENTÍ:

____

DURANTE EL DÍA ME SENTÍ SOMNOLIENTO SÍ NO

ME ECHÉ UN SUEÑITO SÍ NO

HOY PASÉ ______ HORAS EN LA SILLA O EN EL SOFÁ

HOY HICE ESTOS EJERCICIOS

PARA CUIDAR DE MÍ HICE...

Y ME SENTÍ:

LA COSA O PERSONA QUE MÁS ENERGÍA ME DIO HOY

LA COSA O PERSONA QUE MÁS ENERGÍA ME QUITÓ HOY

UN PEQUEÑO BUEN HÁBITO QUE APRENDÍ ESTE DÍA

MIS PROPÓSITOS PARA MAÑANA

ESTE ES UN DÍA PARA

- ☐ RECORDAR
- ☐ OLVIDAR

BALANCE DE MI DÍA

FECHA ____________________

LU	MA	MI	JU	VI	SÁ	DO
☐	☐	☐	☐	☐	☐	☐

¿CÓMO ME SIENTO ESTA NOCHE?

SATISFACCIÓN

	0	1	2	3	4	5	6	7	8	9	10
marca del 1 al 10	☐	☐	☐	☐	☐	☐	☐	☐	☐	☐	☐

CANSANCIO

	0	1	2	3	4	5	6	7	8	9	10
marca del 1 al 10	☐	☐	☐	☐	☐	☐	☐	☐	☐	☐	☐

¿QUÉ HICE HOY PARA "MANTENER EL RITMO"?

____

____

____

ENERGÍA EN LA MESA: UN ALIMENTO QUE ME DIO EL *SPRINT*

____

UN ALIMENTO, UN PLATILLO, UNA COMIDA QUE ME DIO EL BAJÓN

____

DORMÍ DE LAS ________ A LAS ________ Y CUANDO DESPERTÉ ME SENTÍ:

____

DURANTE EL DÍA ME SENTÍ SOMNOLIENTO   SÍ   NO

ME ECHÉ UN SUEÑITO   SÍ   NO

HOY PASÉ ______ HORAS EN LA SILLA O EN EL SOFÁ

HOY HICE ESTOS EJERCICIOS

PARA CUIDAR DE MÍ HICE...

Y ME SENTÍ:

LA COSA O PERSONA QUE MÁS ENERGÍA ME DIO HOY

LA COSA O PERSONA QUE MÁS ENERGÍA ME QUITÓ HOY

UN PEQUEÑO BUEN HÁBITO QUE APRENDÍ ESTE DÍA

MIS PROPÓSITOS PARA MAÑANA

ESTE ES UN DÍA PARA

- [ ] RECORDAR
- [ ] OLVIDAR

BALANCE DE MI DÍA

FECHA ______________

LU MA MI JU VI SÁ DO
☐ ☐ ☐ ☐ ☐ ☐ ☐

¿CÓMO ME SIENTO ESTA NOCHE?

SATISFACCIÓN

	0	1	2	3	4	5	6	7	8	9	10
marca del 1 al 10	☐	☐	☐	☐	☐	☐	☐	☐	☐	☐	☐

CANSANCIO

	0	1	2	3	4	5	6	7	8	9	10
marca del 1 al 10	☐	☐	☐	☐	☐	☐	☐	☐	☐	☐	☐

¿QUÉ HICE HOY PARA "MANTENER EL RITMO"?

____

____

____

ENERGÍA EN LA MESA: UN ALIMENTO QUE ME DIO EL *SPRINT*

____

UN ALIMENTO, UN PLATILLO, UNA COMIDA QUE ME DIO EL BAJÓN

____

DORMÍ DE LAS ______ A LAS ______ Y CUANDO DESPERTÉ ME SENTÍ:

____

DURANTE EL DÍA ME SENTÍ SOMNOLIENTO SÍ NO

ME ECHÉ UN SUEÑITO SÍ NO

HOY PASÉ ______ HORAS EN LA SILLA O EN EL SOFÁ

HOY HICE ESTOS EJERCICIOS

PARA CUIDAR DE MÍ HICE...

Y ME SENTÍ:

LA COSA O PERSONA QUE MÁS ENERGÍA ME DIO HOY

LA COSA O PERSONA QUE MÁS ENERGÍA ME QUITÓ HOY

UN PEQUEÑO BUEN HÁBITO QUE APRENDÍ ESTE DÍA

MIS PROPÓSITOS PARA MAÑANA

ESTE ES UN DÍA PARA

- ☐ RECORDAR
- ☐ OLVIDAR

BALANCE DE MI DÍA

FECHA ____________

LU ☐ MA ☐ MI ☐ JU ☐ VI ☐ SÁ ☐ DO ☐

¿CÓMO ME SIENTO ESTA NOCHE?

SATISFACCIÓN

	0	1	2	3	4	5	6	7	8	9	10
marca del 1 al 10	☐	☐	☐	☐	☐	☐	☐	☐	☐	☐	☐

CANSANCIO

	0	1	2	3	4	5	6	7	8	9	10
marca del 1 al 10	☐	☐	☐	☐	☐	☐	☐	☐	☐	☐	☐

¿QUÉ HICE HOY PARA "MANTENER EL RITMO"?

____

____

____

ENERGÍA EN LA MESA: UN ALIMENTO QUE ME DIO EL *SPRINT*

____

UN ALIMENTO, UN PLATILLO, UNA COMIDA QUE ME DIO EL BAJÓN

____

DORMÍ DE LAS ______ A LAS ______ Y CUANDO DESPERTÉ ME SENTÍ:

____

DURANTE EL DÍA ME SENTÍ SOMNOLIENTO SÍ NO

ME ECHÉ UN SUEÑITO SÍ NO

HOY PASÉ ______ HORAS EN LA SILLA O EN EL SOFÁ

HOY HICE ESTOS EJERCICIOS

PARA CUIDAR DE MÍ HICE...

Y ME SENTÍ:

LA COSA O PERSONA QUE MÁS ENERGÍA ME DIO HOY

LA COSA O PERSONA QUE MÁS ENERGÍA ME QUITÓ HOY

UN PEQUEÑO BUEN HÁBITO QUE APRENDÍ ESTE DÍA

MIS PROPÓSITOS PARA MAÑANA

ESTE ES UN DÍA PARA

- ☐ RECORDAR
- ☐ OLVIDAR

PASO 3

desacelera y **recupera** energía

ENCUENTRA EL RITMO CORRECTO

No siempre puedes estar al máximo nivel de energía. Ya has aprendido que existe un ritmo del cuerpo con “bajones” fisiológicos. Es natural y necesario que las células, los tejidos y los órganos tengan momentos de recuperación y esto se aplica al cuerpo en general. **La forma que tiene el cuerpo de indicarte que necesitas tomarte un descanso es el cansancio,** así que debes aprender a hacer las paces con sentirte decaído, perdonarte por no ser siempre superproductivo y encontrar momentos para relajarte.

Después de comer, suele ser difícil encontrar la energía adecuada para volver al trabajo, a menudo te sientes somnoliento y cansado: una sensación que puede aparecer de repente y que no depende de lo que has comido y cuánto, sino sobre todo de tu **ritmo circadiano**, que tiene su primer bajón perceptible a mitad del día.

Por supuesto, si la comida es pesada y la ya escasa energía debe canalizarse hacia la digestión, el pico descendente será aún más agudo y mantener los ojos abiertos ¡será muy, muy difícil!

Los bajones de energía fisiológica también son más frecuentes a última hora de la tarde y por la noche: se acerca el momento de dormir y, de nuevo, el cansancio es la forma que tiene el cuerpo de indicarte que necesitas bajar el ritmo, no realizar actividades física o mentalmente exigentes.

No se trata de que te opongas al cansancio del fin de la jornada, **sino de la necesidad fisiológica de parar** y no estar bajo presión todo el tiempo.

Para que los bajones naturales de energía que experimentas, de forma inevitable, a lo largo del día no comprometan tus actividades ni tu rendimiento, intenta organizar tus horarios en función de tus "momentos de debilidad".

Si sabes que eres propenso **a la somnolencia, el cansancio y los lapsus de concentración después de comer,** evita concertar citas de trabajo cruciales por la tarde e intenta terminar por la mañana las "entregas" que requieran toda tu atención.

Si siempre **te sientes agotado a última hora de la tarde**, intenta dedicar tiempo a las actividades más relajantes en ese momento del día y, si todavía estás en el trabajo, asegúrate de que ya te hayas ocupado de todas las tareas que requieren el máximo esfuerzo y concentración, para que puedas dedicar este momento a, por ejemplo, la lectura de correos electrónicos de importancia secundaria o para planear la agenda del día siguiente (el mero hecho de saber que no tienes que ocuparte ahora mismo de los pendientes programados te hará sentir mejor).

EN PRÁCTICA

ENFRENTA LOS MOMENTOS DE "BAJÓN"

Se espera que por la noche experimentes un bajón de energía, pero quizá no pienses lo mismo del bajón de las tres de la tarde. La jornada laboral no ha terminado, quizá tengas un compromiso decisivo o una reunión en la que debas concentrarte. Recurrir a una microsiesta no es una opción, así que ¿qué hacer?

He aquí algunos consejos para que no colapses si tienes que comprometerte con algo importante por la tarde o sabes que no puedes permitirte un descanso.

PON ATENCIÓN A LO QUE COMES. Para evitar que la siesta se convierta en una necesidad ineludible, no comas demasiado ni elijas alimentos "pesados", como la comida frita, los dulces o los platos con mucha grasa.

HIDRATOS DE CARBONO Y PROTEÍNAS. Elige un plato único, no demasiado calórico, que contenga hidratos de carbono complejos y proteínas: los primeros te darán energía lista para gastar en las horas siguientes, las proteínas te ayudarán a mantenerte alerta y despierto. Una ensalada de espelta y legumbres o un plato de pasta integral con una salsa ligera, por ejemplo, a base de pescado, pueden ser buenas alternativas.

¡CAMINA! Da un paseo antes de volver a tu escritorio: lo ideal es caminar un poco al aire libre, diez minutos a paso ligero pueden ser suficientes. Te ayudará a obtener la "dosis" recomendada de ejercicio diario y, sobre todo, te despabilarán, al poner literalmente tu cuerpo en movimiento.

¡ESTÍRATE! Si no tienes tiempo o forma de salir a pasear, prueba a hacer algunos ejercicios de estiramiento en tu escritorio: seguirás poniendo en movimiento los músculos y esto, al mejorar la circulación sanguínea, ayudará a llevar más oxígeno y energía a tus células, tejidos y órganos. ¡Incluido el cerebro!

LA DIETA QUE DA EL *SPRINT*

Para recuperar energía, también puede ser una buena idea hacer un ayuno de desintoxicación (*detox*).

La falta de alimento es un estrés para el organismo, que activa así respuestas defensivas: al tener menos alimento y menos energía para funcionar, no se puede permitir ningún despilfarro.

Esto desencadena las señales que inician el programa de muerte celular programada, un método ordenado para deshacerse de las células viejas, ineficaces y que funcionan mal, en una vía forzada que no causa daños en los tejidos: es una estrategia de resistencia al estrés en la que **se eliminan células viejas**, que se utilizan como alimento hasta que no haya comida del exterior.

Cuando se interrumpe el ayuno, las células se renuevan, pero también los tejidos. En pocas palabras, es la traducción celular del dicho "lo que no mata, fortalece", porque la respuesta a una situación negativa, como el estrés por carencia de nutrientes, se produce entonces una mejora general de la funcionalidad de las células y los tejidos que subsistieron.

Este efecto desintoxicante generalizado también tiene consecuencias positivas en el cerebro, que cuando está temporalmente falto de energía gana en lucidez, memoria y capacidad de aprendizaje. En resumen, la mente funciona mejor cuando nos quedamos sin comida. Esto es un vestigio de necesidad evolutiva, ya que nuestros antepasados, cuando a menudo no tenían nada que llevarse a la boca, debían estar más activos y alerta para encontrar algo que comer.

La agudeza mental que se puede alcanzar con el ayuno también puede justificar su práctica como medio de búsqueda espiritual: meditar o incluso simplemente reflexionar sobre un tema complejo puede resultar más fácil y fructífero si no se tiene el estómago demasiado ocupado con la digestión.

ATENCIÓN, ¡COME CON CUIDADO!

Puede ser que el ayuno ayude a proporcionar mayor sensación de energía y de claridad mental y física, pero lo cierto es que desencadena poderosos mecanismos primordiales de defensa: el cuerpo entra en modo de alerta porque sabe que su supervivencia puede estar en peligro si no se consigue alimento a corto plazo, por lo que es muy importante que el ayuno sea una práctica controlada y que **pidas consejo a tu médico** antes de recurrir constantemente a él, pues solo un profesional es capaz de prever si existen contraindicaciones o peligros específicos dependiendo de tu estado de salud.

Además, en el estado de alerta por privación, que provoca un rendimiento cognitivo más agudo y un incremento en la atención al priorizar el encontrar alimento, también aumenta la cantidad de dopamina en el cerebro privado de energía. La dopamina, sabemos, es la molécula del "placer", lo cual significa que el ayuno puede de hecho gratificar a la mente como lo hace una droga y salirse de control. Por tanto, recurrir al ayuno debe ser un recurso al cual acudir con mucha cautela.

EN PRÁCTICA

CÓMO AYUNAR SIN RIESGOS

Para ayunar, no basta con dejar de comer. Hay muchas formas en las que el cuerpo experimenta la "emoción" de la privación de alimentos, y junto a las formas más "duras" en las que no se come durante 24 horas seguidas al menos una vez a la semana, también hay variantes más "ligeras" y fáciles de seguir. La elección depende mucho de las preferencias personales y lo que tú crees que puedes tolerar. Para algunos, dejar de comer un día entero puede ser una carga demasiado pesada, porque además de los riesgos a largo plazo, no comer puede ocasionar dolores de cabeza, irritabilidad y fatiga, dolencias que pueden no ser precisamente compatibles con una jornada normal en la oficina o con la familia. Se pueden probar regímenes más ligeros, como el ayuno "horario", en el que se come dentro de un estrecho margen de tiempo: por ejemplo, se pueden evitar los alimentos sólidos desde las 16:00 horas hasta las 8:00 horas de la mañana siguiente, o desde las 20:00 horas hasta las 8:00 horas de la mañana siguiente. De este modo, el metabolismo descansa y se activan los procesos de "limpieza" de residuos del organismo, sin abandonar el marco de una dieta sostenible, ya que este ayuno coincide con el descanso nocturno.

Otra alternativa son las dietas de ayuno simulado: existen muchas dietas diferentes, pero todas ellas consisten en seguir durante unos días un régimen que reduce la ingesta de calorías entre 30 y 50% respecto a lo habitual, imitando los efectos del ayuno. En ambos casos, se trata de regímenes relativamente fáciles e incluso de bajo riesgo, aunque siempre es buena idea que lo platiques con tu médico. No obstante, siempre, por favor, ten en cuenta otras tres reglas básicas.

¡BEBE! Todas las dietas de ayuno contemplan siempre una correcta hidratación, que también es una aliada para frenar la inevitable hambre con la que hay que lidiar. Beber agua gasificada, por ejemplo, puede ayudar a sentir menos apetito porque el gas engaña al estómago provocando una sensación de relajación; el té verde puede reducir el apetito, así como el

EN PRÁCTICA

café (pero recuerda no exagerar en su ingesta, ya que de lo contrario la cafeína podría favorecer la deshidratación).

EMPIEZA POCO A POCO. No existe mayor problema si optas por una dieta de ayuno mímico o por un ayuno horario en el que las horas de abstención de alimentos son relativamente pocas, pero si pretendes pasar todo un día sin comer, conviene tomar algunas precauciones antes de volver a la alimentación normal: la primera comida debe ser ligera, debes masticar bien los alimentos para facilitar aún más la digestión y volver a ponerla en marcha sin agitaciones. En definitiva, no se recomienda romper el ayuno acudiendo a restaurantes exóticos ni experimentar con platillos que no hayas probado antes, ya que esto puede ocasionar un *shock* para el estómago.

Y CUANDO NO AYUNES... Todos los efectos positivos sobre la energía vital de las distintas dietas de ayuno son posibles solo teniendo también una alimentación equilibrada, porque toda dieta desbalanceada es amiga de la fatiga. Buscar gratificación en dulces y grasas en los momentos "libres" puede llevarte a perder el control sobre tu dieta. La base alimentaria debe ser sana y equilibrada, como la que propone la verdadera dieta mediterránea.

SUEÑO Y RELAJACIÓN PARA RECUPERARSE

No solo hay que dormir bien para recargar las pilas, sino también encontrar momentos para relajarte y desconectarte. El estrés absorbe mucha energía, por lo que aprender a permitirte un poco de relajación diaria es crucial para que te recuperes y combatas la presión de la hiperproductividad forzada. De hecho, para muchos, este es el verdadero problema: no podemos permitirnos no hacer nada, tener tiempo "vacío" solo para nosotros. Lapso que, en cambio, es esencial para cultivarnos y recuperar la vitalidad, para poder afrontar otros compromisos con nuevo ímpetu: ser más productivo cuando se necesita, en definitiva, y no en un ciclo continuo porque hacerlo no es realista ni saludable.

La primera regla, por tanto, podría resumirse en **"aprende a no hacer nada":** intentar relajarte también significa sacudirte el impulso de hacer "más y mejor", lo que, de forma inevitable, te deja agotado. Intenta reclamar un poco más de tiempo a la semana para desconectarte: decide, por ejemplo, que cada día tienes que encontrar media hora solo para ti (incluso apúntalo en tu agenda). Si te das cuenta de que no consigues hacerlo, ha llegado el momento de replantear tus prioridades y la organización de tus días, para volver a poner tu bienestar como una prioridad en tu lista.

APRENDE A RECONOCER QUE NECESITAS RELAJARTE

Piensa en esto: si te dijeran que tienes por delante una semana libre de todo compromiso, sin exigencias ni vacaciones programadas de por medio, ¿qué harías? Muchos se quedarían boquiabiertos ante semejante hipótesis y eso sucede porque estamos tan atrapados por las prisas de nuestra vida que ya no sabemos pulsar el botón de pausa, que es lo que nos permite recuperarnos del cansancio. Así que piensa en lo que te tranquiliza, en lo que te gustaría hacer para dedicarte tiempo. Aquí tienes algunos consejos para que encuentres el tipo de relajación adecuado para ti.

PIENSA EN TU INFANCIA. ¿Qué te gustaba hacer cuando eras niño? Puede que descubras que tu pasatiempo favorito de la infancia sigue siendo una forma estupenda de poner en pausa el mundo y bajarte del carrusel de los compromisos, y volver a sentir aquellas mismas emociones y sensaciones. Por ejemplo, si te gustaba dibujar, podrías ir a comprar papel y colores, o al menos un libro para colorear; si te gustaba jugar en la arena, podrías intentar redescubrir esa sensación trabajando con arcilla; si te gustaba jugar a la casita, intenta hornear un pan casero.

UN EXTRA: ORAR

Hay muchas técnicas de relajación, pero hay una en la que tal vez no has pensado. Si la espiritualidad es un elemento imprescindible en tu vida, si la religión ocupa un primer lugar en tu corazón, también la oración puede ser una "técnica" de relajación muy eficaz. Aparta algunos minutos de tu día para dedicarte a la oración que más resuene contigo, repítela, al tiempo que practicas la respiración profunda: ¡verás cómo te ayuda a encontrar nuevas energías!

CONSIGUE QUE OTROS TE AYUDEN. En un día festivo que pases con la familia o los amigos, pídele a cada persona —por turnos— que comparta con los demás su actividad relajante favorita: alguien podría proponer ir a dar un paseo en bici, un niño podría sugerir jugar a videojuegos, otro podría querer hacer dulces. Así descubrirás nuevas actividades posibles y, en cualquier caso, al final del día habrás pasado unas horas sin pensar en tomar decisiones (lo que a veces, admitámoslo, nos crea estrés, incluso cuando el objetivo sea buscar una actividad relajante).

DIFERENCIA. Intenta identificar al menos un par de actividades relajantes a realizar durante tu tiempo libre, porque si por alguna razón no puedes dedicarte a una siempre estará la otra para "desahogarte" y ayudarte a tomar un respiro.

Y SI NO TIENES NINGUNA IDEA... Sal a pasear (recuerda: que sea por zonas verdes), intenta perderte sin rumbo, despeja tu mente de todo pensamiento: es casi una forma de meditación y te ayudará a desconectarte.

EN PRÁCTICA

ALGUNAS IDEAS PARA QUE TE RELAJES

Cualquier actividad que te resulte placentera y antiestrés siempre funcionará: tal vez encuentres relajante leer, escuchar música, hacer jardinería y desde luego es genial que te dediques a estas actividades, pero algunas estrategias, como la meditación que vimos en

EN PRÁCTICA

el Paso 1, "nacen" como técnicas de relajación y, por tanto, podrían resultar un descubrimiento agradable. Su objetivo es disminuir el estado de "activación" física y mental. ¡Pruébalas! Puedes también alternarlas para ver cuál te va mejor. Intenta practicarlas al menos veinte minutos al día, todos los días: incluso unos pocos minutos ayudan, pero cuanto más tiempo puedas encontrar para ti, más vitalidad sentirás.

ENTRENAMIENTO AUTÓGENO. "Autógeno" significa algo que sale de tu interior. En este entrenamiento de relajación utilizas la visualización y la conciencia corporal para reducir el estrés. En pocas palabras, se trata de ejercicios de concentración que se centran en diferentes zonas del cuerpo, intentando, por ejemplo, relajar al máximo un brazo, luego el otro y así sucesivamente mientras visualizas una imagen agradable, lo que provoca cambios en el estado de relajación que luego afectan, por ejemplo, a la frecuencia cardiaca, los sentimientos, la psique.

BIOFEEDBACK. Se trata de un método cuyo objetivo es controlar y autorregular los propios parámetros fisiológicos (como la sudoración, la frecuencia cardíaca, la respiración, la tensión muscular) aprendiendo a reconocer los cambios y así gestionarlos con mayor conciencia. También en este caso, como en el entrenamiento autógeno, se empieza con la relajación física para llegar a la relajación mental.

RELAJACIÓN MUSCULAR PROGRESIVA. Es una técnica basada en la alternancia entre contracción y relajación de los músculos (por ejemplo, cinco segundos de contracción seguidos de treinta de relajación), para liberar tensiones; durante los ejercicios hay que centrarse en las sensaciones musculares y así aprender a ser más conscientes de lo que sentimos.

ENTRENAMIENTO CON IMÁGENES. Es una especie de "entrenamiento mental" que, a través de la imaginación, ayuda a gestionar la sobreactividad cognitiva y el estrés: consiste en formar imágenes mentales positivas y relajantes, mientras tratas de incorporar también otras sensaciones. Por ejemplo, si piensas en el mar, intenta sentir el olor del agua salada, el sonido de las olas, el calor del sol sobre tu piel; concéntrate también en tu respiración, para aprender a centrarte en el presente y en los pensamientos positivos.

CONTRA EL CANSANCIO: ¡MUÉVETE!

¿No te gusta la actividad física de alto impacto, la idea de sudar en el gimnasio te cansa solo de pensarlo, no estás entrenado y ni siquiera te gusta caminar? En resumen, es casi imposible levantarte de la silla...

Puedes probar a hacer estiramientos: de este modo ejercitarás un poco los músculos y reducirás la fatiga gracias al aumento de la oxigenación muscular, y además te encontrarás más flexible y con mayor movilidad en las articulaciones, lo que beneficiará a tu salud y a tu capacidad de movimiento.

¡Pero cuidado! No pienses que los estiramientos musculares son solo para los sedentarios más férreos. Combínalos con tu entrenamiento, porque los estiramientos antes y después de la actividad física reducen la sensación de fatiga muscular y te ayudarán a moverte y entrenar más, en un círculo virtuoso que solo beneficiará a tu carga energética.

EN PRÁCTICA

CUÁNDO Y CÓMO "ESTIRARSE"

Los estiramientos son otro pequeño buen hábito diario que deberías intentar incorporar a tu rutina. He aquí algunos consejos para aprovecharlos al máximo.

INTÉNTALO POR LA MAÑANA. Puede ser una parte importante del "despertar muscular" que ya hemos visto en el Paso 2. También puedes estirarte después de tu paseo diario y nunca olvides estirar los músculos cuando hagas ejercicio.

ELIGE LA HABITACIÓN. Practica los estiramientos en un lugar tranquilo y no ruidoso, y consigue un tapete o *mat* para no tener que pisar un suelo frío que haría los ejercicios desagradables. Son repeticiones que debes hacer con calma, recuerda que también deben ser una oportunidad para que te relajes.

LLEVA ROPA CÓMODA. No lleves ropa ajustada o que dificulte el movimiento o la respiración: elige tejidos naturales como el algodón y camisetas y pantalones que no aprieten. Calienta un poco los músculos antes de empezar, por ejemplo, dando unos pasos en el sitio o haciendo círculos con los brazos.

CONCÉNTRATE. Mientras realizas los ejercicios, controla la respiración y presta atención a tu postura, concéntrate en las sensaciones que experimentas. Mantén cada posición entre 15 y 40 segundos, sin forzarte demasiado, recuerda que nunca debes sentir dolor.

ESTÍRATE. Elige los grupos musculares que vas a estirar, no siempre serán los mismos. En una sesión puedes dedicarte más al tronco y a los brazos, en la siguiente a las piernas. Recuerda siempre estirar alternativamente cada grupo de músculos seccionados, por ejemplo, tanto el músculo que te permite extender un brazo como el que te permite flexionarlo. Para hacer los ejercicios de forma correcta, sigue un programa elaborado por un entrenador experimentado.

CUIDA DE TI

Somos animales sociales, necesitamos estar con los demás. Hacerlo nos gratifica y también nos concede nueva energía, siempre, claro está, que tengamos relaciones positivas y no caigamos en relaciones tóxicas como las que se producen cuando encontramos en nuestro camino a los “vampiros chupadores” de energía de los que hemos hablado en estas páginas y de quienes debemos alejarnos.

Estar con los demás y cultivar relaciones te ayuda a recuperar energía: ver o escuchar amigos, familiares o seres queridos puede ser de gran ayuda, porque las emociones positivas son contagiosas y cargan baterías.

CULTIVA TUS AMISTADES. Tener buenos amigos y salir con ellos de forma regular es bueno para la mente: reduce el riesgo de ansiedad y depresión, te da serenidad. Además, cuando ya no seas joven seguirán siendo una valiosa fuente de energía mental, porque en la vejez **los amigos son incluso más importantes que la familia** como pilar de bienestar mental, al ser las personas que hemos elegido para que nos acompañen a lo largo de las décadas.

Relacionarse con los demás se ha vuelto más importante tras los muchos meses de soledad impuestos por la pandemia del covid-19, porque los científicos comprobaron que ya después de unas semanas sin estrechar la mano, abrazar o dar una caricia a alguien a quien queremos se registraron aumentos en las hormonas del estrés, de ahí la ansiedad y los trastornos del sueño y del estado de ánimo, en paralelo a la fatiga y la sensación de agotamiento. Mantener altos niveles de conexión social protege contra este riesgo y restaura la vitalidad.

¡ENAMÓRATE! Lo mismo vale para una relación de pareja que funciona: estar enamorado es una terapia de choque para el cerebro, que se "inunda" de sustancias beneficiosas que alivian el estrés gracias al amor. Esto es cierto al inicio de una relación, cuando aumenta hasta el factor de crecimiento neuronal que beneficia la salud de las células cerebrales, que se vuelven más "resistentes" al estrés; a esto se suman los efectos placenteros de hormonas producidas por el enamoramiento, como la dopamina —el neurotransmisor de la felicidad—, la adrenalina y la vasopresina, que contribuyen a la sensación de euforia que acompaña al amor (sobre todo cuando es correspondido, pero incluso si no se consigue el efecto), la oxitocina, la hormona del apego y del amor que reduce el estrés y la ansiedad.

Este "baño" de hormonas del bienestar tiene un poderoso efecto en los niveles de energía y nos sirve incluso cuando dejamos de percibir esa sensación de mariposas en el estómago característica del inicio de una relación: la oxitocina sigue siendo abundante incluso en una relación serena, y los besos y abrazos frecuentes bastan para llenar el tanque de energía de cualquier persona, al tiempo que se reducen los niveles de cortisol, la hormona del estrés.

EN PRÁCTICA

UNA AYUDADITA PELUDA

¿Eres un soltero empedernido?, ¿tus amigos viven lejos y no estás en contacto frecuente con ellos?, ¿no tienes una buena relación con los miembros de tu familia? En resumen, ¿eres un incorregible lobo solitario? No estás perdido, porque la compañía de un animal también puede ayudarte a recuperar energía y tener beneficios similares a los de la compañía de un humano. El ronroneo de un gato, las fiestas de bienvenida o de gratitud de un perro, o también la amistad de un cuyo o un conejito te hacen compañía y te hacen sentir bien, y no solo porque el afecto incondicional de un animal calienta el corazón.

Tener un perro para pasear, por ejemplo, te ayudará a aumentar tu actividad física. Las mascotas son también un antídoto contra la soledad porque ayudan a socializar y a mantener el contacto con la realidad, además de mejorar el estado de ánimo. Interactuar con un perro aumenta los niveles de moléculas cerebrales importantes para el bienestar psicológico, como la dopamina y las endorfinas. Los animales, todos ellos, no critican a los que tienen problemas, ofrecen amor y cariño incondicional, estimulan la tendencia humana a ofrecer protección y apoyo, y ayudan así a combatir la ansiedad y el estrés.

¿CÓMO ELEGIR LA MASCOTA ADECUADA? Los gatos son recomendables para quienes sufren ansiedad. Los perros son "antidepresivos naturales" y su tamaño no es importante, basta que tengan un temperamento dócil: labradores, golden retrievers, collies y galgos son todos adecuados. Los animales menos habituales también pueden ayudarnos: como los loros y los canarios que parecen ideales para aprender a lidiar con la agresividad.

PERO ¡ATENCIÓN! Estás decidiendo traer a tu vida un ser vivo con sus necesidades, sus características peculiares, sus propias demandas de afecto y sus hábitos de comportamiento. No te lo tomes a la ligera, porque no es sano echarse para atrás a la hora de adoptar un animal. Tienes que estar verdaderamente seguro de que tienes el tiempo, las ganas y los medios para cuidar de una mascota, de lo contrario, no recurras a su compañía, para que ni tú ni ella sufran de forma innecesaria.

LADRONES DE ENERGÍA

Basta de taparte la nariz cuando vas por la calle y pasa un camión expulsando gases apestosos. Deberías hacerlo cuando entras a tu casa. Allí es donde pasas la mayor parte de tu tiempo y justo allí estás expuesto a 95% de los contaminantes que acaban en tus pulmones, aunque no seas consciente de ello.

En el aire de casa es donde se calcula que **la concentración de contaminantes es cinco veces mayor** que en el exterior. Hay realmente de todo: partículas de humo de cigarro, gases e hidrocarburos procedentes de la combustión de leña de la chimenea o del uso de la cocina (la cocina es la habitación más contaminada de la casa), polvo y partículas, compuestos orgánicos volátiles liberados por muebles, pinturas, productos domésticos, pero también contaminantes biológicos como bacterias, virus, polen, ácaros del polvo, alérgenos, moho. En parte, los contaminantes se producen en el interior, en parte, proceden del exterior: creamos y dispersamos gases y partículas cuando cocinamos, quemamos leña o limpiamos la casa con detergentes y limpiadores, o cuando quitamos el polvo con una aspiradora cuyos filtros no hemos limpiado bien; otras emisiones contaminantes proceden de las velas de parafina y los aromatizantes domésticos, por no hablar del humo del cigarro. Los gases de combustión y las partículas finas, que también incluyen metales pesados e hidrocarburos, llegan desde el tráfico exterior. Una mezcla de chatarra que incluso provoca una enfermedad, el síndrome del edificio enfermo, que según la OMS afecta a uno de cada cinco edificios en Occidente. Entre los principales síntomas, además de dolores de cabeza e irritación de ojos, nariz y garganta, está una fatiga constante que no remite. La productividad puede disminuir de forma considerable si uno tiene que trabajar o vivir en edificios "enfermos", con sistemas de aire acondicionado y ventilación inadecuados o diseñados para albergar menos de lo que en realidad contienen, escaso intercambio de aire e irritantes emitidos por los materiales presentes.

EL HUMO, TU PEOR ENEMIGO

Los cigarros son uno de los peores ladrones de energía. Lo han demostrado innumerables estudios científicos: fumar no solo es un enorme riesgo para la salud, sino que literalmente te quita fuerzas porque reduce de forma drástica la cantidad de oxígeno que llega a los tejidos y esto, a la larga, fatiga las células, los tejidos y los órganos. Los músculos, por ejemplo, se cansan antes si están menos oxigenados, y lo mismo ocurre con el cerebro; en los pulmones, fumar provoca problemas como tos crónica, disnea y bronquitis (por no hablar de los tumores), los cuales contribuyen a una sensación general de fatiga.

Esto no es todo: la nicotina, un poco como la cafeína, es un estimulante, pero con un uso constante y elevado provoca cansancio y fatiga, lo contrario del efecto de "despertar" inmediato que se produce al inicio. Con el tiempo, también favorece la aparición de trastornos del sueño: los fumadores tienen más dificultades para conciliar el sueño y se despiertan más a menudo durante la noche, lo que reduce el tiempo y la calidad del descanso, y provoca que te sientas cada vez más cansado y somnoliento.

Dejar de fumar es, por tanto, una elección de salud, pero también un objetivo fundamental si quieres recuperar tu energía: encuentra el método y la estrategia que más te convengan, pero inténtalo. Porque cuando hayas dicho adiós a fumar, sentirás de inmediato más vitalidad.

EN PRÁCTICA

ASÍ PUEDES LIMPIAR EL AIRE DE TU CASA

Estas son las normas que hay que respetar para que tengas un aire más limpio en casa, extraídas de las recomendaciones de la Sociedad Italiana de Medicina Ambiental.

NO FUMES. En general, lo ideal es que no fumes, pero es fundamental que nunca lo hagas en tu hogar para evitar concentrar hidrocarburos, monóxido de carbono, compuestos orgánicos volátiles, partículas y otros contaminantes entre las cuatro paredes.

ABRE LAS VENTANAS. Ventila bien la casa. Abre las ventanas dos o tres veces al día durante 5 minutos cuando el aire esté más limpio en el exterior, a primera hora de la mañana o a última hora de la tarde en zonas urbanas con mucho tránsito. Esto es necesario para no crear un "efecto invernadero" que concentre los contaminantes en el interior.

LIMPIA LOS FILTROS. Limpia los filtros de los aparatos de aire acondicionado con agua y jabón cada quince días, si es que recurres a ellos; lava también periódicamente los de aspiradoras, campanas de cocina y extractores. Por cierto: cuando cocines, activa siempre la campana con filtro y abre las ventanas durante y después de preparar tus alimentos. (Es mejor usar una estufa eléctrica que una de gas).

CUIDADO CON LA CALEFACCIÓN. Limita el uso de estufas y chimeneas y, si lo haces, elige modelos que no estén totalmente abiertos; comprueba que hayan sido correctamente instalados y reciban un mantenimiento adecuado; los *pellets* emiten menos humo que la leña.

EN PRÁCTICA

ELIGE LOS MUEBLES CON CUIDADO. Compra muebles y enseres domésticos fabricados con materiales que no liberen compuestos orgánicos volátiles. Estos compuestos los pueden liberar, por ejemplo, los muebles y materiales de tapicería, incluidos el papel tapiz y las alfombras, que también son una fuente de ftalatos, utilizados por la industria del plástico para mejorar su flexibilidad, los cuales se liberan al aire por el desgaste de estos objetos. Su concentración puede llegar a ser considerable en interiores si no hay un intercambio de aire adecuado. Evita también los muebles de mala calidad hechos de aglomerado, contrachapado o materiales similares, ya que pueden liberar formaldehído. Retira los tapetes y las alfombras, que son un receptáculo para el polvo.

LIMPIA CON SABIDURÍA. Elige productos naturales (agua, jabón, vinagre, bicarbonato) o cloro o amoníaco, aireando las habitaciones mientras limpias: los detergentes domésticos son muy contaminantes, utilizar demasiados atomizadores y limpiadores líquidos, como le sucede al personal de limpieza, equivale aparentemente a fumar veinte cigarros al día. Elige bien tu aspiradora: utiliza aparatos de buena calidad que no desprendan polvo durante su uso, equipados con filtros de partículas de alta eficacia (HEPA) o filtros de agua.

AROMATIZA CON FLORES. Es mejor no utilizar perfumes ni aromatizantes en casa, elige en su lugar un bonito ramo de rosas fragantes. Los desodorantes sintéticos suelen contener limoneno, que en sí mismo no es tóxico, pero al evaporarse se une a otras moléculas volátiles y crea contaminantes secundarios.

VELAS SOLO PARA OCASIONES ESPECIALES. Mejor limitarlas, salvo que sean de cera de abeja o ventiles bien la habitación después de haberlas encendido: las de parafina o con mecha impregnada de parafina desprenden compuestos nocivos como hidrocarburos aromáticos, plomo y ftalatos, y algunas velas de colores lo hacen incluso sin ser encendidas porque en sus colores contienen metales pesados. ¿Cómo reconocer fácilmente aquellas que deberías de evitar? Cuestan muy poco.

EL MICROCLIMA ADECUADO. Mantén la humedad en torno a 40 y 55%, y controla que la temperatura no supere los 18 o 20 grados para evitar la proliferación de moho y ácaros. Cuando veas moho en algún lugar de la casa, elimínalo de inmediato con cloro.

VAMPIROS ENERGÉTICOS
EL DOMINADOR

Al "chupador" de energía que tiende a dominar le gusta sentirse superior y comportarse o ser visto como la hembra o el macho "alfa" del grupo. En realidad, es una persona profundamente insegura que teme ser frágil o equivocarse y, por tanto, reacciona intentando intimidarte y dominarte para evitar que le hagas daño.

CÓMO RECONOCER AL VAMPIRO-DOMINADOR. A menudo es una persona que dice lo que piensa, sobre todo, que tiene una percepción del mundo en blanco y negro y no le gustan las medias tintas; es muy rígida en sus afirmaciones y creencias, puede resultar intolerante, pero también muestra pensamientos o acciones racistas, sexistas u homófobas.

CÓMO DEFENDERTE DEL VAMPIRO-DOMINADOR. Nunca debes tener miedo de discrepar de ella/él, pero tienes que mantenerte firme, asertivo y en calma; su necesidad de asustarte proviene del miedo a ser dominado y, por tanto, también herido, tenlo siempre presente e intenta no dejarte agobiar nunca.

CANSANCIO. ¿QUÉ DICE LA CIENCIA?

Todas las sustancias que necesitas para obtener tu "dosis" diaria de energía deben proceder de una dieta sana y equilibrada: los minerales y las vitaminas son esenciales para obtener tu "carga", pero si tu dieta es correcta, no tendrás carencias que puedan afectar realmente tus niveles de energía.

Sin embargo, cuando te sientes decaído, **tal vez quieras un estímulo extra a base de suplementos**: los que prometen ser potentes antifatigantes son muchos y variados, pero ¿funcionan realmente?

A continuación, te explico qué contienen y cuáles son las pruebas de su eficacia como agentes antifatiga, pero recuerda que siempre debes hablar con tu médico antes de tomar cualquier suplemento.

De hecho, si padeces determinadas enfermedades, estos productos pueden afectar tu salud e interferir en tu dieta y en cualquier terapia en curso, por lo que siempre debes asegurarte de que el suplemento específico que deseas utilizar es "compatible" con tu estado de salud.

VITAMINA B12. Sirve para mantener sanas las células nerviosas y es esencial para la circulación sanguínea, pero solo se encuentra en alimentos de origen animal, por lo que, si has optado por una alimentación vegana, en realidad es esencial que tomes un suplemento para alcanzar las necesidades diarias; en el caso de una dieta vegetariana es posible una deficiencia, pero es más improbable.

La carencia de vitamina B12 provoca cansancio y fatiga, pero las pruebas científicas sobre la eficacia de los suplementos de vitamina B12 para aumentar los niveles de energía son escasas. Antes de tomarla, lo mejor es que hables con tu médico para valorar si la requieres.

VITAMINA D. Se produce en la piel por la exposición al sol (solo unos minutos al día, ¡cuidado de no quemarte!) y también se encuentra en alimentos como el pescado azul y la yema de huevo.

En caso de deficiencia, también se produce fatiga y debilidad muscular, y es cierto que muchas personas tienen una deficiencia de esta vitamina, por lo que puede ser conveniente una evaluación y, si hay un descenso real de la vitamina circulante, administrar suplementos.

VITAMINA C. Presente en muchísimos alimentos vegetales, es esencial para unos buenos niveles de energía y contribuye a un metabolismo energético adecuado. Los suplementos pueden ayudar a combatir la sensación de fatiga y cansancio, pero aunque los excesos no suelen ser tóxicos antes de tomar un suplemento de este tipo es mejor consultar al médico.

HIERRO. Si tienes carencia de hierro, te sentirás agotado y perezoso: le ocurre a una de cada seis personas adultas mayores y a cerca de 16% de las mujeres durante el ciclo menstrual, cuando puede perderse mucho hierro en forma de hemoglobina a través de la sangre.

Por ello, los suplementos de hierro pueden ser útiles en casos de carencia y para combatir la fatiga, que en estos casos suele ir acompañada de anemia.

MAGNESIO. Necesario para la actividad muscular y la producción de energía, se encuentra en los frutos secos, los cereales integrales y los productos lácteos. Unas pocas raciones al día de alimentos ricos en magnesio bastan para cubrir las necesidades diarias. Un exceso de magnesio puede provocar náuseas y diarrea, conviene consultar al médico antes de tomar suplementos.

FÓSFORO. ¿A quién no le han dicho alguna vez que el fósforo es bueno para la memoria? No hay pruebas científicas concluyentes a ese respecto, pero sin duda este mineral es necesario en los procesos de transformación de los alimentos en energía y es esencial para las membranas celulares, incluidas las de las neuronas cerebrales: una carencia podría provocar fatiga, sobre todo mental.

Se encuentran buenas cantidades de fósforo en los cereales, las legumbres, el pescado y los productos lácteos.

CREATINA. Se trata de una proteína que se encuentra en los músculos y algunos estudios indican que puede aumentar la masa muscular y el rendimiento en deportes que requieren un "*sprint*" rápido, como el levantamiento de pesas, pero no hay pruebas concluyentes de que los suplementos combatan la fatiga o mejoren los niveles de energía.

COENZIMA Q10. Es una molécula producida por las células y tiene efectos antioxidantes; algunas pruebas sugieren que puede combatir la fatiga, sobre todo cuando se realiza un esfuerzo físico importante, pero no hay pruebas concluyentes y, como los suplementos pueden interferir con posibles terapias, es mejor no improvisar y pedir consejo al médico.

PRODUCTOS ANTIFATIGA "EXÓTICOS"

Del ginseng al Ginkgo biloba, de la ashwagandha (el llamado ginseng indio) a los numerosos "superalimentos" que de vez en cuando se presentan como auténticas panaceas para recuperar la energía, los posibles remedios contra la fatiga parecen ser muchos, al menos si echas un vistazo en internet.

En realidad, las pruebas científicas de un real efecto antifatiga son muy escasas, casi siempre anecdóticas: en otras palabras, los estudios están ahí, pero en su mayoría son estudios modestos con pocos participantes, de los que no se pueden extraer conclusiones definitivas.

Sin embargo, en el caso de los alimentos, tener pruebas concluyentes de su efecto antifatiga definitivo es aún más difícil, porque es casi imposible extrapolar el efecto de un solo alimento del contexto integral de la dieta. En la práctica, es cierto que las almendras, los huevos, los plátanos y la avena dan energía y combaten la fatiga, pero probablemente lo hacen porque quienes introducen estos alimentos suelen tener una dieta "buena" que en su conjunto aporta todos los elementos necesarios para tener el nivel adecuado de energía.

Tampoco se trata de recurrir a alimentos "exóticos" como las semillas de chía o las bayas de goji. Otros alimentos menos caros, tradicionales de los países mediterráneos, como las semillas de linaza o los arándanos, aportan nutrientes igualmente útiles.

En general, sin embargo, se aplica la regla de que no hay que esperar milagros de un solo nutriente o de un alimento concreto: **es el régimen alimenticio en su conjunto lo que puede marcar una verdadera diferencia** en tus niveles de energía.

EL REFORZADOR ESPECIAL

Quizá no lo habías imaginado, pero practicar sexo placentero aumenta la energía vital. El sexo es bueno para el organismo, porque es un excelente ejercicio con efectos positivos sobre la salud cardiovascular. (El acto sexual equivale a pasar quince minutos en una bicicleta estática, y es más divertido). Además, en los hombres protege contra el cáncer de próstata, en ambos sexos incrementa la producción de inmunoglobulinas reforzando el sistema inmunológico, aumenta la oxigenación de los tejidos y estimula la actividad cerebral. No acaba ahí: el sexo satisfactorio es bueno para el ánimo, combate el estrés e implica la liberación de muchas moléculas que producen bienestar, como la oxitocina, la dopamina y las endorfinas, que no solo alivian la ansiedad, el estrés e incluso el dolor, sino que también favorecen el sueño, con lo que mejora el descanso nocturno. Sin embargo, el coito a primera hora de la mañana también es estupendo: en los hombres, la testosterona es más alta, lo que es garantía de sexo satisfactorio, y para ellas también es una forma estupenda de empezar el día con una explosión de energía positiva.

¿LA "DOSIS" ADECUADA? Al menos dos veces por semana, según los sexólogos, pero nunca hay que preocuparse por hacerlo demasiado: es una inyección de bienestar y placer, una forma estupenda de recuperar energías. Y cuidado con pensar que con la edad en que se convierte en algo prohibido: tener una vida sexual satisfactoria es posible y útil a cualquier edad y, de hecho, los estudios han demostrado que cuanto más tiempo se mantiene la actividad sexual, mejor se conservan la memoria y el cerebro en general.

BALANCE DE MI DÍA

FECHA ____________________

LU ☐ MA ☐ MI ☐ JU ☐ VI ☐ SÁ ☐ DO ☐

¿CÓMO ME SIENTO ESTA NOCHE?

SATISFACCIÓN

	0	1	2	3	4	5	6	7	8	9	10
marca del 1 al 10	☐	☐	☐	☐	☐	☐	☐	☐	☐	☐	☐

CANSANCIO

	0	1	2	3	4	5	6	7	8	9	10
marca del 1 al 10	☐	☐	☐	☐	☐	☐	☐	☐	☐	☐	☐

¿QUÉ HICE HOY PARA "MANTENER EL RITMO"?

____

____

____

ENERGÍA EN LA MESA: UN ALIMENTO QUE ME DIO EL *SPRINT*

____

UN ALIMENTO, UN PLATILLO, UNA COMIDA QUE ME DIO EL BAJÓN

____

DORMÍ DE LAS ________ A LAS ________ Y CUANDO DESPERTÉ ME SENTÍ:

____

DURANTE EL DÍA ME SENTÍ SOMNOLIENTO   SÍ   NO

ME ECHÉ UN SUEÑITO   SÍ   NO

HOY PASÉ ______ HORAS EN LA SILLA O EN EL SOFÁ

HOY HICE ESTOS EJERCICIOS

PARA CUIDAR DE MÍ HICE...

Y ME SENTÍ:

LA COSA O PERSONA QUE MÁS ENERGÍA ME DIO HOY

LA COSA O PERSONA QUE MÁS ENERGÍA ME QUITÓ HOY

UN PEQUEÑO BUEN HÁBITO QUE APRENDÍ ESTE DÍA

MIS PROPÓSITOS PARA MAÑANA

ESTE ES UN DÍA PARA

- ☐ RECORDAR
- ☐ OLVIDAR

BALANCE DE MI DÍA

FECHA ____________________

LU	MA	MI	JU	VI	SÁ	DO
☐	☐	☐	☐	☐	☐	☐

¿CÓMO ME SIENTO ESTA NOCHE?

SATISFACCIÓN

	0	1	2	3	4	5	6	7	8	9	10
marca del 1 al 10	☐	☐	☐	☐	☐	☐	☐	☐	☐	☐	☐

CANSANCIO

	0	1	2	3	4	5	6	7	8	9	10
marca del 1 al 10	☐	☐	☐	☐	☐	☐	☐	☐	☐	☐	☐

¿QUÉ HICE HOY PARA "MANTENER EL RITMO"?

____

____

____

ENERGÍA EN LA MESA: UN ALIMENTO QUE ME DIO EL *SPRINT*

____

UN ALIMENTO, UN PLATILLO, UNA COMIDA QUE ME DIO EL BAJÓN

____

DORMÍ DE LAS ________ A LAS ________ Y CUANDO DESPERTÉ ME SENTÍ:

____

DURANTE EL DÍA ME SENTÍ SOMNOLIENTO SÍ NO

ME ECHÉ UN SUEÑITO SÍ NO

HOY PASÉ ______ HORAS EN LA SILLA O EN EL SOFÁ

HOY HICE ESTOS EJERCICIOS

PARA CUIDAR DE MÍ HICE...

Y ME SENTÍ:

LA COSA O PERSONA QUE MÁS ENERGÍA ME DIO HOY

LA COSA O PERSONA QUE MÁS ENERGÍA ME QUITÓ HOY

UN PEQUEÑO BUEN HÁBITO QUE APRENDÍ ESTE DÍA

MIS PROPÓSITOS PARA MAÑANA

ESTE ES UN DÍA PARA

☐ RECORDAR

☐ OLVIDAR

BALANCE DE MI DÍA

FECHA ____________

LU ☐ MA ☐ MI ☐ JU ☐ VI ☐ SÁ ☐ DO ☐

¿CÓMO ME SIENTO ESTA NOCHE?

SATISFACCIÓN

	0	1	2	3	4	5	6	7	8	9	10
marca del 1 al 10	☐	☐	☐	☐	☐	☐	☐	☐	☐	☐	☐

CANSANCIO

	0	1	2	3	4	5	6	7	8	9	10
marca del 1 al 10	☐	☐	☐	☐	☐	☐	☐	☐	☐	☐	☐

¿QUÉ HICE HOY PARA "MANTENER EL RITMO"?

____

____

____

ENERGÍA EN LA MESA: UN ALIMENTO QUE ME DIO EL *SPRINT*

____

UN ALIMENTO, UN PLATILLO, UNA COMIDA QUE ME DIO EL BAJÓN

____

DORMÍ DE LAS ______ A LAS ______ Y CUANDO DESPERTÉ ME SENTÍ:

____

DURANTE EL DÍA ME SENTÍ SOMNOLIENTO ☐ SÍ ☐ NO

ME ECHÉ UN SUEÑITO ☐ SÍ ☐ NO

HOY PASÉ ______ HORAS EN LA SILLA O EN EL SOFÁ

HOY HICE ESTOS EJERCICIOS

PARA CUIDAR DE MÍ HICE...

Y ME SENTÍ:

LA COSA O PERSONA QUE MÁS ENERGÍA ME DIO HOY

LA COSA O PERSONA QUE MÁS ENERGÍA ME QUITÓ HOY

UN PEQUEÑO BUEN HÁBITO QUE APRENDÍ ESTE DÍA

MIS PROPÓSITOS PARA MAÑANA

ESTE ES UN DÍA PARA

- ☐ RECORDAR
- ☐ OLVIDAR

BALANCE DE MI DÍA

FECHA ____________

LU MA MI JU VI SÁ DO
☐ ☐ ☐ ☐ ☐ ☐ ☐

¿CÓMO ME SIENTO ESTA NOCHE?

SATISFACCIÓN

	0	1	2	3	4	5	6	7	8	9	10
marca del 1 al 10	☐	☐	☐	☐	☐	☐	☐	☐	☐	☐	☐

CANSANCIO

	0	1	2	3	4	5	6	7	8	9	10
marca del 1 al 10	☐	☐	☐	☐	☐	☐	☐	☐	☐	☐	☐

¿QUÉ HICE HOY PARA "MANTENER EL RITMO"?

____

____

____

ENERGÍA EN LA MESA: UN ALIMENTO QUE ME DIO EL *SPRINT*

____

UN ALIMENTO, UN PLATILLO, UNA COMIDA QUE ME DIO EL BAJÓN

____

DORMÍ DE LAS ______ A LAS ______ Y CUANDO DESPERTÉ ME SENTÍ:

____

DURANTE EL DÍA ME SENTÍ SOMNOLIENTO SÍ NO

ME ECHÉ UN SUEÑITO SÍ NO

HOY PASÉ ______ HORAS EN LA SILLA O EN EL SOFÁ

HOY HICE ESTOS EJERCICIOS

PARA CUIDAR DE MÍ HICE...

Y ME SENTÍ:

LA COSA O PERSONA QUE MÁS ENERGÍA ME DIO HOY

LA COSA O PERSONA QUE MÁS ENERGÍA ME QUITÓ HOY

UN PEQUEÑO BUEN HÁBITO QUE APRENDÍ ESTE DÍA

MIS PROPÓSITOS PARA MAÑANA

ESTE ES UN DÍA PARA

- ☐ RECORDAR
- ☐ OLVIDAR

BALANCE DE MI DÍA

FECHA ______________________

LU ☐ MA ☐ MI ☐ JU ☐ VI ☐ SÁ ☐ DO ☐

¿CÓMO ME SIENTO ESTA NOCHE?

SATISFACCIÓN

	0	1	2	3	4	5	6	7	8	9	10
marca del 1 al 10	☐	☐	☐	☐	☐	☐	☐	☐	☐	☐	☐

CANSANCIO

	0	1	2	3	4	5	6	7	8	9	10
marca del 1 al 10	☐	☐	☐	☐	☐	☐	☐	☐	☐	☐	☐

¿QUÉ HICE HOY PARA "MANTENER EL RITMO"?

____

____

____

ENERGÍA EN LA MESA: UN ALIMENTO QUE ME DIO EL *SPRINT*

____

UN ALIMENTO, UN PLATILLO, UNA COMIDA QUE ME DIO EL BAJÓN

____

DORMÍ DE LAS ________ A LAS ________ Y CUANDO DESPERTÉ ME SENTÍ:

____

DURANTE EL DÍA ME SENTÍ SOMNOLIENTO SÍ NO

ME ECHÉ UN SUEÑITO SÍ NO

HOY PASÉ ______ HORAS EN LA SILLA O EN EL SOFÁ

HOY HICE ESTOS EJERCICIOS

PARA CUIDAR DE MÍ HICE...

Y ME SENTÍ:

LA COSA O PERSONA QUE MÁS ENERGÍA ME DIO HOY

LA COSA O PERSONA QUE MÁS ENERGÍA ME QUITÓ HOY

UN PEQUEÑO BUEN HÁBITO QUE APRENDÍ ESTE DÍA

MIS PROPÓSITOS PARA MAÑANA

ESTE ES UN DÍA PARA

- ☐ RECORDAR
- ☐ OLVIDAR

BALANCE DE MI DÍA

FECHA ____________

LU	MA	MI	JU	VI	SÁ	DO
☐	☐	☐	☐	☐	☐	☐

¿CÓMO ME SIENTO ESTA NOCHE?

SATISFACCIÓN

	0	1	2	3	4	5	6	7	8	9	10
marca del 1 al 10	☐	☐	☐	☐	☐	☐	☐	☐	☐	☐	☐

CANSANCIO

	0	1	2	3	4	5	6	7	8	9	10
marca del 1 al 10	☐	☐	☐	☐	☐	☐	☐	☐	☐	☐	☐

¿QUÉ HICE HOY PARA "MANTENER EL RITMO"?

____

____

____

ENERGÍA EN LA MESA: UN ALIMENTO QUE ME DIO EL *SPRINT*

____

UN ALIMENTO, UN PLATILLO, UNA COMIDA QUE ME DIO EL BAJÓN

____

DORMÍ DE LAS ______ A LAS ______ Y CUANDO DESPERTÉ ME SENTÍ:

____

DURANTE EL DÍA ME SENTÍ SOMNOLIENTO SÍ NO

ME ECHÉ UN SUEÑITO SÍ NO

HOY PASÉ ______ HORAS EN LA SILLA O EN EL SOFÁ

HOY HICE ESTOS EJERCICIOS

PARA CUIDAR DE MÍ HICE...

Y ME SENTÍ:

LA COSA O PERSONA QUE MÁS ENERGÍA ME DIO HOY

LA COSA O PERSONA QUE MÁS ENERGÍA ME QUITÓ HOY

UN PEQUEÑO BUEN HÁBITO QUE APRENDÍ ESTE DÍA

MIS PROPÓSITOS PARA MAÑANA

ESTE ES UN DÍA PARA

- [ ] RECORDAR
- [ ] OLVIDAR

BALANCE DE MI DÍA

FECHA ______________

LU ☐ MA ☐ MI ☐ JU ☐ VI ☐ SÁ ☐ DO ☐

¿CÓMO ME SIENTO ESTA NOCHE?

SATISFACCIÓN

	0	1	2	3	4	5	6	7	8	9	10
marca del 1 al 10	☐	☐	☐	☐	☐	☐	☐	☐	☐	☐	☐

CANSANCIO

	0	1	2	3	4	5	6	7	8	9	10
marca del 1 al 10	☐	☐	☐	☐	☐	☐	☐	☐	☐	☐	☐

¿QUÉ HICE HOY PARA "MANTENER EL RITMO"?

____

____

____

ENERGÍA EN LA MESA: UN ALIMENTO QUE ME DIO EL *SPRINT*

____

UN ALIMENTO, UN PLATILLO, UNA COMIDA QUE ME DIO EL BAJÓN

____

DORMÍ DE LAS ________ A LAS ________ Y CUANDO DESPERTÉ ME SENTÍ:

____

DURANTE EL DÍA ME SENTÍ SOMNOLIENTO SÍ NO

ME ECHÉ UN SUEÑITO SÍ NO

HOY PASÉ ______ HORAS EN LA SILLA O EN EL SOFÁ

HOY HICE ESTOS EJERCICIOS

PARA CUIDAR DE MÍ HICE...

Y ME SENTÍ:

LA COSA O PERSONA QUE MÁS ENERGÍA ME DIO HOY

LA COSA O PERSONA QUE MÁS ENERGÍA ME QUITÓ HOY

UN PEQUEÑO BUEN HÁBITO QUE APRENDÍ ESTE DÍA

MIS PROPÓSITOS PARA MAÑANA

ESTE ES UN DÍA PARA

- ☐ RECORDAR
- ☐ OLVIDAR

PASO 4

dale un giro a tu vida

ENCUENTRA EL RITMO CORRECTO

No solo la alternancia de luz y oscuridad en las 24 horas marca el ritmo de nuestro cuerpo y contribuye así en gran medida a regular nuestros niveles de energía. El organismo también sigue ciclos "infradianos", es decir, de más de 24 horas, y estos están sincronizados por otros elementos como la luna o las estaciones.

TODOS SOMOS LUNÁTICOS

Existen genes-horario regulados por los ritmos de la luna que "obedecemos", al margen de que "veamos" la luz de la luna a la que estamos expuestos. El 60% de los europeos vive en zonas donde la contaminación lumínica nocturna "tapa" la luz de las estrellas y, por tanto, no pueden percibir sustancialmente las variaciones de la luna. A pesar de ello, se han observado efectos en las funciones biológicas y no solo en el ciclo menstrual. El sueño, por ejemplo, está muy influido por la luna: **en los días de luna llena** el tiempo para conciliar el sueño se alarga una media de cinco minutos y la duración total del sueño se acorta unos veinte minutos. Para aquellas personas que no tienen acceso a la electricidad la influencia de la luz de la luna sobre el sueño es más evidente, pero incluso en nuestras ciudades el efecto está ahí, aunque más sutil. Somos, en definitiva, como los demás animales, en los que la "concordancia" con los ritmos lunares es mucho más aguda. La relación entre los ritmos lunares y la calidad del sueño, además, puede explicar también la mayor irritabilidad y cansancio de que muchos se quejan los días en que la luna es más brillante. Hay que decir que no todos somos igual de sensibles a los efectos de la luna; por ejemplo, el insomnio de "luna llena" es ligeramente más frecuente en las mujeres.

CANSANCIO ESTACIONAL

También hay ciclos que se sincronizan con las estaciones del año. Existe una clara estacionalidad en la producción de muchas hormonas. Por ejemplo, las que regulan el crecimiento, la reproducción y el estrés alcanzan su punto máximo a finales del verano, una época en la que uno puede sentirse especialmente cansado a pesar de que quizá acabe de volver de vacaciones. **Los ritmos estacionales también dependen de la cantidad de luz a la que estamos expuestos.** En invierno, el número de casos de depresión aumenta precisamente por la mayor proporción de oscuridad, lo mismo ocurre con las enfermedades cardiovasculares, y no solo por el frío, sino, en especial, debido a las diferencias en la intensidad y las horas de luz a las que estamos expuestos. En resumen, la luz es nuestro conductor, siempre, y cuando es menos abundante, como ocurre en otoño e invierno, el cuerpo lucha un poco más para recuperar energía.

¡SOCORRO! ESTÁ LLOVIENDO

El clima también puede afectar los niveles de energía: no todos somos igual de sensibles a la lluvia, los días nublados o los golpes del viento, pero los que son **meteorópatas** en realidad no inventan sus molestias. Los cambios de presión atmosférica que se producen cuando cambia el clima pueden inducir dolores de cabeza, irritabilidad y fatiga profunda.

La fatiga, además, es una de las molestias más frecuentes y es especialmente intensa en las personas "intolerantes" al mal tiempo, sobre todo en las mujeres, y tiene relación directa con la atención y la sensibilidad a las condiciones meteorológicas. En otras palabras, quienes notan las menores variaciones del viento, la humedad o la temperatura tienen más probabilidades de ser meteorópatas.

EN PRÁCTICA

EN SINCRONÍA CON EL AMBIENTE

El primer paso es comprender si la luna, las estaciones o incluso el clima afectan tus niveles de energía y en qué medida. Para ello, tu planner de energía puede ser una herramienta valiosa, ya que puedes utilizarlo como un diario en el que anotes cómo te sientes según la época del mes, del año y del clima.

Aprender a "escucharte" si existe una ciclicidad en la aparición de la sensación de agotamiento te ayudará a reconocer cuáles son tus enemigos. Si, por ejemplo, descubres que el otoño y el invierno son tu talón de Aquiles, es precisamente en estas estaciones cuando deberás concentrar todos tus esfuerzos en cumplir las normas de ahorro energético haciendo ejercicio constante, llevando una dieta adecuada y cuidando la calidad del sueño.

No puedes evitar ciertos "chupa-energía" ineludibles como la luna llena, las estaciones o el clima adverso: pero si ya percibes que te causan molestias, puedes enfocar tus contramedidas de ahorro energético precisamente cuando más las necesitas.

LA DIETA QUE DA EL *SPRINT*

Para tener energía hay que estar en forma. Las personas con sobrepeso tienden a cansarse más, además de correr diversos riesgos de salud. Tener sobrepeso significa que hay que esforzarse más para realizar cualquier movimiento, aunque solo sea subir las escaleras. Significa también tener mayores probabilidades de presentar alteraciones del sueño y no descansar lo suficiente. Por último, significa no llevar una dieta sana y, en consecuencia, no poder contar con los nutrientes adecuados para mantener un buen nivel de energía.

Como primer paso, calcula tu índice de masa corporal y evalúa si tienes un peso normal o sobrepeso. Medirlo es fácil, solo tienes que hacer la relación entre tu peso (en kilos) y el cuadrado de tu estatura (en metros); luego compara el resultado con esta tabla y averigua si necesitas perder unos kilos.

Ejemplo: peso 58 (kg) y estatura 1.65 (m) = 58 / (1.65 x 1.65) = **21.4**

< 16.00	16.00-18.49	18.50-24.99	25.00-29.99	30.00-34.99	35.00-39.99	≥ 40.00
Delgadez severa	Bajo peso	Peso normal	Sobrepeso	Obesidad tipo 1	Obesidad tipo 2	Obesidad tipo 3

COMER DE TODO, COMER POCO

Para perder peso y tener un buen nivel de energía hay que reducir la ingesta de calorías, incluso antes que algún nutriente en particular.

La energía en tanto calorías introducidas en la dieta es en realidad algo diferente de la energía que sentimos y que necesitamos para vivir. No debemos exagerar con las calorías diarias porque no son las que nos dan el *sprint*, sino que a la larga nos quitan el empuje porque nos hacen engordar. Lo que importa, en definitiva, es llevar una dieta en la que **la energía "calórica" diaria sea la necesaria**, no más, y que se fije sobre todo en la calidad de los nutrientes introducidos para favorecer el metabolismo energético y no dejarnos nunca sin "gasolina".

Una dieta equilibrada, en la que comes de todo con moderación, es el camino correcto, aunque hayas alcanzado un peso saludable: si comes menos de forma equilibrada y con la vista puesta en las calorías, resulta inevitable una reducción en ingesta de azúcares simples y grasas, el tipo de nutrientes a los que hay que prestar más atención para mantenerte sano y lleno de energía y que son más abundantes en platos hipercalóricos como pasteles, galletas, fritos de varios tipos y comida rápida.

Una dieta variada, no demasiado punitiva, en la que comas sobre todo **alimentos integrales, no industrializados** y en la que no excluyas ningún alimento, es también la única que podrás seguir durante mucho tiempo con beneficios que van más allá del efecto antifatiga. Por ejemplo, el cerebro lo agradece porque el estrés asociado a regímenes dietéticos estrictos se reduce y no se crea "dependencia" a la comida, porque incluso los alimentos más calóricos pueden servir de recompensa y como fuente de alegría, sin que corras el riesgo de excederte. En especial, reducir las calorías y centrarte en alimentos sanos conlleva a un mayor consumo automático de comida de bajo índice glucémico y reduce la ingesta de azúcares simples para mantener los niveles de glucosa en sangre mucho más constantes a lo largo del día y evitar el efecto de la paradoja del azúcar.

EL "DULCE" CANSANCIO

Comer algo azucarado puede parecer a primera vista la solución ideal para animarte cuando estás cansado: una golosina, una bebida dulce, y al instante sientes el subidón de energía.

Lástima que los azúcares simples proporcionen, sí, energía, pero den **un pico glucémico inmediato que luego se traduce en una bajada** casi igual de brusca de la glucemia. Cuando el azúcar en sangre cae en picada, es inevitable que te sientas agotado y exhausto, con los músculos fatigados: un efecto paradójico que puede convertirse en la norma de tu día a día, si los azúcares simples son demasiado abundantes en tu dieta, si abusas de las bebidas azucaradas o añades un terrón al café, al té y a las infusiones, o si consumes muchos alimentos industriales (el azúcar se utiliza como conservador, espesante y potenciador del sabor en innumerables productos, incluso insospechados, desde salsas y sopas instantáneas hasta yogurt y alimentos precocinados).

Presta atención a la cantidad de azúcar que introduces e intenta reducirla, ¡te sentirás mejor de inmediato!

ATENTO A LAS PORCIONES

Para reducir nuestra carga calórica diaria, el primer paso es revisar nuestras raciones. Si pensamos en el azúcar, no solo cuenta la cantidad presente en un alimento, sino también cuánto comemos de ese alimento.

¿Un ejemplo? El índice glucémico de la pasta cocida al dente es inferior al de la sandía, pero una porción normal de 80 gramos de pasta contiene más azúcar que una porción razonable de esta fruta, que contiene mucha más agua. En resumen: para tener un bajón de energía posterior al azúcar con la sandía tendrías que comer dosis pantagruélicas e irreales del fruto.

Para reducir las raciones, también puedes aprovechar algunos pequeños trucos: la misma cantidad de comida parecerá escasa si la pones en un plato grande, y lucirá abundante si el plato es más pequeño.

Ver un plato lleno "engaña" al cerebro para que piense que has comido más, aunque no sea así, y lo mismo ocurre con los cubiertos para servir: utilizar una cuchara pequeña para helados o una cuchara que no sea enorme para el primer plato puede reducir las raciones, por lo que es bueno considerar el tamaño de todo lo que se utiliza para servir los alimentos y preferir los que son pequeños.

Nunca comas directamente de los paquetes, aunque se trate de alimentos sanos como almendras o similares: sírvete siempre una ración razonable en un plato o cuenco pequeño, para poder controlar las porciones. **Aprende a escuchar tu hambre:** mastica despacio, así notarás mejor cuándo llega la saciedad y no comerás más de lo necesario.

EN PRÁCTICA

HAZ DIETA SIN DARTE CUENTA

Para comer menos y evitar el cansancio de los kilos de más, a menudo basta con dar pequeños pasos que reduzcan la "carga" diaria de comida sin que te des cuenta.

LIMPIAR LA DESPENSA DE TODOS LOS ALIMENTOS POCO SALUDABLES ES EL PRIMER PASO: si no hay alimentos ricos en calorías y poco saludables en casa, no los comerás, así que no pongas en tu carrito todo lo que pueda convertirse en una tentación difícil de resistir.

OJOS QUE NO VEN: mantén los alimentos saludables a la vista y a la mano, elimina los paquetes de dulces y chocolates, para que no te recuerden a cada rato que tienes que renunciar a un pequeño capricho demasiado azucarado. Mejor pon a la vista cuencos de nueces, almendras y avellanas para pelar: el esfuerzo de tener que pelarlas o abrirlas te ayudará a que no devores el cuenco entero.

ENGÁÑATE: si llevas la ensalada a la mesa y dejas el platón de pasta en la encimera de la cocina, comerás un poco más de verdura y reducirás los hidratos de carbono, porque al tener que levantarte para servirte automáticamente disminuirás su ingesta. Si has cocinado demasiada comida, aparta de inmediato el exceso: para guardar las sobras "sanas", como verduras cocidas o ensalada de huevo, utiliza película transparente de cocina o recipientes de cristal, para poder verlas en el refrigerador. Asimismo, coloca los alimentos como pasta o pasteles salados en refractarios que no dejen ver el contenido, o cúbrelos con papel aluminio.

SUEÑO Y RELAJACIÓN PARA RECUPERARSE

Encuentra tu antiestresante favorito: relajarte te ayuda a recuperar la energía porque el bienestar mental que obtienes al desconectarte de las preocupaciones y tareas cotidianas sirve para que recargues pilas como pocas cosas.

Cada día, decide dedicar al menos media hora a tu actividad favorita: ya sea leer, escuchar música, un automasaje después del baño o hacer alguna manualidad, cualquier actividad es válida siempre que sea algo que realmente te relaje.

Elige un momento del día en el que nadie te moleste y no cometas el error de no darte cuenta del tiempo, sino que disfruta de esa media hora con plena conciencia de lo que estás haciendo y del hecho de que es una pausa valiosa para tu bienestar físico y mental.

Agenda tu tiempo de relajación y no dejes que ningún compromiso te haga faltar a tu cita diaria contigo mismo.

HIMNO A LA CREATIVIDAD

Cualquier actividad relajante es buena, pero ¿por qué no intentas hacer algo creativo?

Ser creativo es valioso porque sirve para encontrar soluciones a los problemas y poder gestionar mejor las relaciones, las emociones y el estrés.

En consecuencia, **si cultivas la imaginación también te cansas menos** mentalmente y tienes más energía.

El arte, en todas sus formas, es el medio más utilizado para ejercitar el pensamiento creativo: la música y el dibujo, ambos perfectos para liberar la imaginación y ayudar a centrar la atención, son muy eficaces.

Un curso semanal puede ser una buena idea para aliviar tensiones: no tienes que ser como Van Gogh ni tener experiencia; hacer arte con tus propias manos reduce los niveles de la hormona del estrés de tu torrente sanguíneo.

Basta con pasar 45 minutos modelando arcilla, pintando o haciendo *collages* para que el cortisol descienda y te sientas menos ansioso.

Si de verdad no te sientes creativo, prueba con libros para colorear: el estrés se reduce incluso de esa forma, aunque el efecto positivo sobre el estado de ánimo y el bienestar general es mayor con un verdadero curso de arteterapia en el que puedas poner aún más en juego tu creatividad.

Pruébalo, puede que descubras que tienes más talento de lo que crees.

EN PRÁCTICA

ENCUENTRA LO QUE MÁS TE GUSTA

¿No tienes idea de cómo pasar media hora al día en completa relajación? Sigue estos tres pasos para encontrarlo:

1. CONVIERTE EN PASATIEMPO ESO QUE TE GUSTA HACER. Evalúa cómo te gusta pasar tu tiempo libre e intenta convertir esa actividad en algo más estructurado: puedes hacerlo con cualquier cosa. Si te encanta comer, cocinar también puede ser tu desestresante; si te gusta ver series y películas, puedes relajarte con un curso de teatro de improvisación; si te encanta pasear a tu perro, podrías encontrar satisfacción y bienestar mental trabajando como voluntario en una perrera.

Hay muchas posibilidades, simplemente intenta escuchar lo que de verdad te hace sentir bien.

2. HAZ UN TEST PSICOLÓGICO. ¿Cuáles son los rasgos más destacados de tu personalidad? Descubrirlos podría mostrarte la mejor manera de cuidarte y relajarte.

Hay muchos tests de este tipo en internet, prueba los que han sido desarrollados por universidades u otras instituciones acreditadas: si, por ejemplo, descubres que eres una persona con fuertes rasgos sociales y altruistas, el voluntariado podría ser la mejor forma de sentirte bien y en paz con el mundo; si eres hiperlógico, tu calmante ideal para el estrés podría ser la programación informática.

¡Déjate sorprender!

3. ¡PRUÉBALO! Tal vez pensabas que tejer era la actividad relajante perfecta para ti, pero lo intentaste y te rendiste a mitad de la primera bufanda. No pasa nada. Prueba distintas actividades y descubre en la práctica qué te gusta hacer en tu tiempo libre y qué actividades te relajan de verdad.

CONTRA EL CANSANCIO: ¡MUÉVETE!

Para cada actividad hay un momento "adecuado", y lo mismo ocurre con el deporte. Depende de las hormonas, que varían a lo largo del día: cuando nos despertamos, sube el cortisol, que también se produce cuando entrenamos, mientras que por la tarde se eleva la testosterona, la hormona que literalmente "construye" los músculos, y por la noche aumenta la melatonina, la hormona que nos facilita conciliar el sueño.

La temperatura corporal, indicativa de las reacciones químicas del organismo, también cambia a lo largo del día y afecta al rendimiento deportivo: por la tarde puede ser un grado más alta que por la mañana, por lo que un rato después de despertarnos, nuestras enzimas "trabajan" más y la "máquina-cuerpo" funciona a toda potencia.

Tener esto en cuenta te ayudará a **elegir el mejor momento para entrenar**, porque puede marcar la diferencia no solo en términos de rendimiento, sino también en tus niveles de energía. Moverte lo suficiente te proporciona el cansancio "saludable" que te hará dormir bien y recuperar la energía, pero si te cansas cuando no es el momento de hacerlo, puedes conseguir el efecto contrario.

MUÉVETE TEMPRANO POR LA MAÑANA...

Si además quieres perder peso, este es el mejor momento para hacer ejercicio. Cuando haces ejercicio con el estómago vacío y durante al menos media hora, utilizas tus reservas de grasa como fuente de energía y pierdes peso con mayor rapidez.

El deporte por la mañana es ideal para las alondras, que se despiertan temprano: enérgicas y ágiles desde el amanecer, obtienen el máximo beneficio si se toman su tiempo para entrenar antes del mediodía.

El ejercicio matutino también puede servir para "refrescar" a los búhos extremos que tienden a irse a la cama muy tarde, y por la mañana se sienten cansados, incapaces de trabajar: la actividad física a primera hora del día les ayudará a recuperar un horario más compatible con las actividades normales y a contrarrestar el cansancio matutino.

... O POR LA TARDE

Al ser el momento en que los músculos están en su mejor forma, la tarde es el momento preferido del día para quienes buscan un rendimiento deportivo ideal. Si el objetivo es mantener un buen nivel de energía, el entrenamiento vespertino conviene a los búhos, que suelen estar más activos en la segunda mitad del día.

Seguir el ritmo de cada uno sirve para obtener el máximo beneficio del ejercicio, pero de nuevo puede ser conveniente "forzar" un poco en casos extremos. Así, una alondra impulsiva que se levanta a las cuatro de la mañana podría retrasar un poco su ritmo y recuperar un horario compatible con la vida social y el trabajo precisamente moviéndose por la tarde.

EN PRÁCTICA

SÍ, EN LA COMIDA, CUIDADO EN LA CENA

La pausa para comer es un momento "intermedio" del día muy útil si el objetivo del entrenamiento es recuperar energía. De hecho, es la fase en la que inevitablemente estamos un poco más cansados, así que si queremos recuperar el *sprint* antes de enfrentamos a una tarde de trabajo, dar un agradable paseo al aire libre puede ser el empujón adecuado para superar una fase "cansada" del día sin darnos cuenta.

Por la noche, en cambio, es mejor ser prudente y, si es necesario, optar por actividades ligeras como yoga o pilates: el ejercicio debe terminarse como máximo dos horas antes de acostarse, porque de lo contrario las endorfinas, el cortisol y la adrenalina que se liberan con el deporte "chocarán" con la melatonina que favorece el descanso.

El resultado es que hacer ejercicio a la hora de cenar o después puede mermar tu capacidad para conciliar el sueño profundo y con facilidad: la calidad del sueño se deteriora, el descanso es menos reparador y acabas sintiéndote aún más cansado al día siguiente. Este es un efecto paradójico del ejercicio que puede evitarse si regresas del gimnasio y luego cenas.

CUIDA DE TI

Agotado por el exceso de trabajo, drenado de energía física y emocional por el estrés de los compromisos excesivos. Este es **el síndrome del *burnout* o agotamiento laboral**, cada vez más frecuente: va más allá del simple cansancio o estrés laboral, porque ante las exigencias excesivas y el escaso reconocimiento profesional se produce un verdadero agotamiento emocional. Uno se siente destrozado, tanto a nivel físico como emocional, como resultado de una especie de **lenta erosión del estado mental positivo** que idealmente debería acompañarnos en el trabajo. Quien experimenta *burnout* ve empeorar su rendimiento laboral, a menudo fracasa en las tareas asignadas, llega tarde o abandona el trabajo antes de tiempo, tiene un comportamiento inusual durante las reuniones. Otro indicativo importante es el desapego emocional, la tendencia a criticar y denigrar todo y a todos, la apatía y los síntomas físicos como malestar generalizado y fatiga profunda.

Este tipo de agotamiento también es peligroso para la salud, así que si te das cuenta de que vas camino de la extenuación, debes intentar proveerte de los "anticuerpos" adecuados: en primer lugar, deja de llevar el trabajo a casa y aprende a desconectar y relajarte.

Meditar está bien, pero también dedicarte a un pasatiempo o a una actividad deportiva. Lo principal es que encuentres tiempo para ti fuera del trabajo y que literalmente lo anotes en tu agenda. Nada de sacar tiempo libre de espacios muertos, tiene que ser una verdadera prioridad a la que le dediques espacio cada día.

A continuación, aprende a planificar mejor tu trabajo delegando o pidiendo ayuda, reduce las horas extra, comparte tus experiencias laborales: te ayudará a salvaguardarte y a no pisar demasiado el acelerador. No subestimes a la familia y los amigos: cultivar las relaciones también previene el agotamiento.

SI EL ENEMIGO ES EL CELULAR

Si el trabajo no drena tu energía, es probable que lo haga tu celular: ¿cuánto tiempo y recursos inviertes en tu pequeña pantalla portátil?

Aunque no te des cuenta, cada día pasamos horas con nuestros teléfonos inteligentes y esto puede contribuir a la fatiga, porque **nos distrae de la vida real** y "ocupa espacio" en nuestro cerebro. Las estadísticas dicen que consultamos nuestro *smartphone* un promedio de 150 veces en 24 horas, incluso en los momentos más inesperados: uno de cada tres lo hace por la noche, 12% en la regadera o en el baño, y 9% incluso durante la intimidad con su pareja.

En el mundo analógico leíamos un capítulo de algún libro y decidíamos después si queríamos continuar leyendo o no; en cambio, en el mundo digital no hay señales de pausa: las noticias, los correos electrónicos, las publicaciones en redes sociales fluyen sin cesar.

Y nunca nos desconectamos, con el resultado de que nos sentimos emocional y cognitivamente fatigados al final del día, mucho más de lo que deberíamos.

EN PRÁCTICA

¿QUÉ TAL UNA DESINTOXICACIÓN DIGITAL?

Deberíamos aprender a aburrirnos sin correr al celular para matar el aburrimiento, volver a la relajación y recargar las pilas sin el *smartphone* en la mano.

Si te das cuenta de que no puedes prescindir de tu celular, prueba una desintoxicación digital: no hace falta que arrojes al fondo del mar tu dispositivo, solo aprende a usarlo mejor.

Por ejemplo, intenta guardarlo en el bolsillo mientras te trasladas, para redescubrir el placer de los pensamientos en libertad; prueba no hacer fotos durante un día, para disfrutar del momento con todos los sentidos y (re)aprender a utilizar el cerebro para recordar. Después, elimina la aplicación que más utilices: te darás cuenta de que la abres a menudo para matar el aburrimiento y de inmediato recuperarás mucho tiempo para ti.

Prueba también mantener el teléfono en modo silencio y fuera de la vista cuando estés en compañía, para disfrutar de la presencia de los demás (es un efecto contagioso: incluso los que estén contigo lo usarán menos).

LADRONES DE ENERGÍA

Pocas personas piensan en ello, pero hasta los medicamentos pueden causar fatiga.

No es solo el caso de los somníferos, que están "diseñados" para que te sientas cansado y así te inducen el sueño: un gran número de sustancias activas químicas, incluso medicamentos que se pueden comprar sin receta, pueden causar fatiga.

A veces, basta con cambiar el modo de ingesta o la dosis para resolver las molestias, en algunos casos es necesario cambiar la terapia, a menudo basta con mejorar los hábitos y, por ejemplo, hacer más ejercicio o evitar el alcohol.

Si te sientes especialmente cansado después de iniciar un nuevo tratamiento medicado, habla con tu médico para averiguar **si la medicación es la culpable** y encontrar la solución adecuada para ti.

Mientras tanto, aquí hay una lista de los medicamentos que provocan cansancio y fatiga como efecto secundario frecuente.

ANSIOLÍTICOS Y ANTIDEPRESIVOS. Algunas sustancias activas más que otras pueden inducir debilidad y somnolencia; las benzodiacepinas, que son utilizadas por muchos como ansiolíticos, pueden producir una fatiga que dura días si la dosis es elevada.

ANTIHISTAMÍNICOS. En su empaque incluso viene una advertencia escrita en blanco y negro de que es mejor no conducir después de tomarlos: los medicamentos para mantener a raya los síntomas de la alergia pueden, de hecho, provocar somnolencia y una sensación de profundo cansancio.

ANTIHIPERTENSIVOS. Los betabloqueadores, que se utilizan para reducir la presión arterial, también ralentizan el ritmo cardiaco y entre sus efectos secundarios habituales está la aparición de una sensación de fatiga.

RELAJANTES MUSCULARES. Por lo general, actúan sobre la transmisión nerviosa, reduciendo los impulsos del cerebro a los músculos para que estos no se contraigan en exceso; al tener una acción directa sobre el cerebro y los nervios, pueden inducir somnolencia y fatiga.

ANALGÉSICOS. El uso de sustancias activas de la clase de los opiáceos, ampliamente utilizados para controlar el dolor de cierta gravedad, muy a menudo provoca fatiga y somnolencia.

ANTITUMORÍFICOS. Los fármacos para tratar el cáncer son "pesados" porque, a veces, sus efectos negativos sobre las células sanas, vecinas a las células cancerosas, dan lugar a una sobrecarga en el organismo, que debe gestionar los "desechos" celulares y la reparación de los tejidos. Este exceso de trabajo es agotador, por lo que la astenia es un efecto secundario muy frecuente de las terapias contra el cáncer.

MEDICAMENTOS ANTIFATIGA

Por desgracia, no existen "varitas mágicas" que puedan aliviar la fatiga de forma instantánea: incluso para el síndrome de fatiga crónica, que conoceremos en el siguiente paso de este planner de energía, no existen curas específicas y los resultados posibles con los fármacos utilizados son variables de una persona a otra.

Las sustancias activas utilizadas cuando la fatiga se convierte en un problema clínico grave y requiere una intervención química para resolverse dependen de **si es posible identificar o no la causa de la fatiga.**

En algunas enfermedades, la astenia es un síntoma central, y en esos casos poder resolver la patología significa también eliminar la fatiga.

Para el caso de la fatiga "genérica" no hay fármacos que hayan demostrado su eficacia y el consejo es **no tomar nunca medicamentos ni suplementos por cuenta propia.**

Si sientes que tu cansancio es excesivo, si compromete tu rutina diaria y te impide tener una buena calidad de vida, debes hablar con tu médico. Él es el único que puede decir si existe una auténtica cura contra la fatiga y el único que puede prescribirla y decidir qué producto es el mejor para ti.

A menudo, en situaciones sin una causa específica, se utilizan suplementos vitamínicos y minerales, de los que hemos aprendido en el paso anterior.

VAMPIROS ENERGÉTICOS
EL MELODRAMÁTICO

El melodramático chupa-energías vive para crear problemas, está en constante búsqueda de drama. A menudo lo hace porque siente que su vida está vacía, y además estar en medio de diversas crisis le da la oportunidad de sentirse importante y de escapar de los problemas de la vida real.

CÓMO RECONOCER EL VAMPIRO-MELODRAMÁTICO. Con frecuencia, se trata de una persona que tiende a hacerse la víctima para parecer especial y necesitada de amor. También le encanta crear drama porque extrae energía de las emociones negativas y estas son adictivas: por eso suele estar enfadada, irritable o triste.

CÓMO DEFENDERSE DEL VAMPÍRICO-MELODRAMÁTICO. Siempre es bueno mantenerlo a distancia en la medida de lo posible, pero por lo demás nunca tomar partido cuando crea problemas de forma deliberada. Es importante reconocer las constantes de su comportamiento, porque casi siempre tiende a buscar el drama en situaciones similares: identificar qué la “desencadena” sirve para desactivar la crisis antes de que estalle.

CANSANCIO. ¿QUÉ DICE LA CIENCIA?

La pandemia ha dejado a muchas personas con una larga resaca. De hecho, la fatiga, la astenia y la sensación de agotamiento son algunos de los síntomas más comunes del covid largo, un síndrome difícil de definir y gestionar que, sin embargo, parece afectar a muchas personas que fueron infectadas por el nuevo coronavirus, independientemente de la gravedad de la infección. El covid largo se caracteriza por una mezcla de síntomas que no desaparecen semanas después de la recuperación: el cuadro cambia de una persona a otra, puede ser difícil encontrar una cura eficaz y, sobre todo, a veces las dolencias se subestiman o no se reconocen.

La causa aún no está bien definida, pero el resultado es claro: **muchas personas presentan molestias que no desaparecen,** aunque hayan pasado más de doce semanas desde la recuperación, el "límite" a partir del cual se habla de síndrome de covid largo. El cansancio y la disnea, que pueden llegar hasta la fatiga extrema y la sensación de agotamiento, son los síntomas más frecuentes, con repercusiones negativas no solo físicas, sino también en la calidad de vida, que incluyen un fuerte deterioro psicológico, una pérdida constante de productividad, dificultades en las relaciones sociales y sueño no reparador. No es fácil tratar el *long covid*, pero si te has infectado y semanas después de salir negativo en las pruebas de detección del virus sigues sin poder volver a sentirte "como antes", debes ponerte en contacto con tu médico o con una de las muchas clínicas de covid largo, para que evalúen la situación y planteen una hipótesis de solución.

FATIGA PANDÉMICA

La pandemia también ha puesto a prueba a quienes no han estado en contacto con el virus. En los más de dos años de emergencia, muchos se han enfrentado a la llamada "fatiga pandémica", o estrés pandémico, que según algunas estimaciones ha afectado hasta a 60% de la población con síntomas como **cansancio y agotamiento extremos, tanto físicos como mentales.** Es la consecuencia directa del largo y arduo camino que tuvimos que recorrer para hacer frente a la pandemia. Tras el impacto del primer encierro, que todos soportamos con la energía y los recursos que habíamos acumulado antes de la llegada del covid-19, las largas oleadas de infección que se sucedieron a lo largo de los meses nos encontraron cada vez más agotados, cansados e impacientes ante el cambio de hábitos y las acciones cotidianas que eran necesarios para contener la infección.

Las molestas medidas de protección, las nuevas reglas para la vida cotidiana y la incertidumbre sobre el futuro han consumido una gran cantidad de energía mental, y nos han desmoralizado y agotado hasta llevarnos a muchos a la fatiga pandémica, un estado de malestar tal, que las recomendaciones de prudencia por cansancio y resignación antes aplicadas no funcionan tan bien.

Además del cansancio físico y la extenuación mental, la fatiga pandémica se reconoce porque uno se siente desmotivado, pesimista, aburrido, a veces incluso enfadado o asustado, con dificultad para concentrarse y organizar el día o planificar el futuro; uno se siente desmotivado y, sin embargo, sigue percibiendo alarma ante el peligro presente.

Para hacer frente a esta fatiga pandémica, lo mejor es que vivas el presente, que controles la ansiedad y tal vez que hables con tu médico si te sientes abrumado por pensamientos relacionados con el covid-19. **La pandemia es un maratón y no una carrera de velocidad (un *sprint*),** por lo que también es importante ser capaz de gestionar la energía emocional y mental para afrontar mejor los próximos años de vida con el virus.

LA FATIGA ZOOM

Con la pandemia, el modo de trabajar ha cambiado de forma radical y todos pasamos días enteros en Zoom y aplicaciones similares, estudiando, trabajando, celebrando reuniones. Estar de guardia todo el tiempo nos ha fatigado. Vernos en la pantalla de forma constante crea incomodidad y la desagradable sensación de no gustarnos que se tiene después de vernos a nosotros mismos durante las videollamadas se denomina "fatiga Zoom". A fuerza de mirar nuestro rostro en primer plano, como si estuviéramos siempre hablando con el espejo, sentimos una incomodidad que también puede llegar a ser sustancial y "fatigar" la mente. Si te ocurre esto, intenta apagar la cámara en cuanto puedas, durante las reuniones.

EL REFORZADOR ESPECIAL

Satisfacer la gula con algún antojo de vez en cuando no es trivial para sentirte activo y lleno de energía: la comida nutre las emociones, pero si estamos a dieta y nos excedemos en la privación, el cerebro necesitará del placer como una especie de "sedación del dolor".

Negarnos esos gustos significa no solo dificultar el control de la alimentación (cuando el cerebro sufre, resistirse a la tentación es misión imposible), sino también sentirnos "desconectados" y fatigados.

Así pues, es aconsejable dar cabida a esos gustos, porque esa comida reconfortante, la que nos hace sentir bien aunque no sea la más saludable, aumenta el bienestar y, con él, la energía. Sin embargo, debe gestionarse bien porque, de lo contrario, una dieta sana puede ser en vano.

Así que esperar toda la semana para darte gusto con algún alimento chatarra crea expectación y aporta placer, sin comprometer gran parte de los esfuerzos realizados para controlar las calorías, sino al contrario, ayudando al cerebro a seguir con la dieta en otros momentos.

O, si en algún momento del día te sientes un poco decaído, un bocado de algo bueno puede ser la estrategia adecuada para recuperar la energía al instante; solo tienes que elegir un alimento "amigo" que no comprometa demasiado ni tu recuento diario de calorías ni tu equilibrio saludable de nutrientes.

PARA LOS AMANTES DE LO DULCE. No hay nada mejor que el chocolate oscuro: es rico en flavonoides, antioxidantes muy útiles para la salud en general y con un buen efecto antiinflamatorio, además de dar un subidón de energía gracias a la cafeína que contiene. Una barrita de 100 gramos contiene entre 30 y 40 gramos, pero limítate a un cuadrado o tu recuento de calorías subirá demasiado.

PARA LOS AMANTES DE LO SALADO. Un trozo de *focaccia* puede ser una buena opción si te gustan las pizzas y similares: evita los productos demasiado grasientos o embutidos y quesos, opta en su lugar por ingredientes adicionales a base de verduras para llenarte de vitaminas y minerales, o por una porción (¡no muy grande!) de la clásica pizza margarita. Elige mejor una masa elaborada con harina integral para obtener una dosis extra de fibra y nutrientes saludables.

BALANCE DE MI DÍA

FECHA ____________

LU	MA	MI	JU	VI	SÁ	DO
☐	☐	☐	☐	☐	☐	☐

¿CÓMO ME SIENTO ESTA NOCHE?

SATISFACCIÓN

	0	1	2	3	4	5	6	7	8	9	10
marca del 1 al 10	☐	☐	☐	☐	☐	☐	☐	☐	☐	☐	☐

CANSANCIO

	0	1	2	3	4	5	6	7	8	9	10
marca del 1 al 10	☐	☐	☐	☐	☐	☐	☐	☐	☐	☐	☐

¿QUÉ HICE HOY PARA "MANTENER EL RITMO"?

____

____

____

ENERGÍA EN LA MESA: UN ALIMENTO QUE ME DIO EL *SPRINT*

____

UN ALIMENTO, UN PLATILLO, UNA COMIDA QUE ME DIO EL BAJÓN

____

DORMÍ DE LAS ______ A LAS ______ Y CUANDO DESPERTÉ ME SENTÍ:

____

DURANTE EL DÍA ME SENTÍ SOMNOLIENTO SÍ NO

ME ECHÉ UN SUEÑITO SÍ NO

HOY PASÉ ______ HORAS EN LA SILLA O EN EL SOFÁ

HOY HICE ESTOS EJERCICIOS

PARA CUIDAR DE MÍ HICE...

Y ME SENTÍ:

LA COSA O PERSONA QUE MÁS ENERGÍA ME DIO HOY

LA COSA O PERSONA QUE MÁS ENERGÍA ME QUITÓ HOY

UN PEQUEÑO BUEN HÁBITO QUE APRENDÍ ESTE DÍA

ESTE ES UN DÍA PARA

☐ RECORDAR

☐ OLVIDAR

MIS PROPÓSITOS PARA MAÑANA

BALANCE DE MI DÍA

FECHA ______________

LU ☐ MA ☐ MI ☐ JU ☐ VI ☐ SÁ ☐ DO ☐

¿CÓMO ME SIENTO ESTA NOCHE?

SATISFACCIÓN

	0	1	2	3	4	5	6	7	8	9	10
marca del 1 al 10	☐	☐	☐	☐	☐	☐	☐	☐	☐	☐	☐

CANSANCIO

	0	1	2	3	4	5	6	7	8	9	10
marca del 1 al 10	☐	☐	☐	☐	☐	☐	☐	☐	☐	☐	☐

¿QUÉ HICE HOY PARA "MANTENER EL RITMO"?

____

____

____

ENERGÍA EN LA MESA: UN ALIMENTO QUE ME DIO EL *SPRINT*

____

UN ALIMENTO, UN PLATILLO, UNA COMIDA QUE ME DIO EL BAJÓN

____

DORMÍ DE LAS ________ A LAS ________ Y CUANDO DESPERTÉ ME SENTÍ:

____

DURANTE EL DÍA ME SENTÍ SOMNOLIENTO SÍ NO

ME ECHÉ UN SUEÑITO SÍ NO

HOY PASÉ ______ HORAS EN LA SILLA O EN EL SOFÁ

HOY HICE ESTOS EJERCICIOS

PARA CUIDAR DE MÍ HICE...

Y ME SENTÍ:

LA COSA O PERSONA QUE MÁS ENERGÍA ME DIO HOY

LA COSA O PERSONA QUE MÁS ENERGÍA ME QUITÓ HOY

UN PEQUEÑO BUEN HÁBITO QUE APRENDÍ ESTE DÍA

MIS PROPÓSITOS PARA MAÑANA

ESTE ES UN DÍA PARA

- ☐ RECORDAR
- ☐ OLVIDAR

BALANCE DE MI DÍA

FECHA ____________ LU ☐ MA ☐ MI ☐ JU ☐ VI ☐ SÁ ☐ DO ☐

¿CÓMO ME SIENTO ESTA NOCHE?

SATISFACCIÓN

	0	1	2	3	4	5	6	7	8	9	10
marca del 1 al 10	☐	☐	☐	☐	☐	☐	☐	☐	☐	☐	☐

CANSANCIO

	0	1	2	3	4	5	6	7	8	9	10
marca del 1 al 10	☐	☐	☐	☐	☐	☐	☐	☐	☐	☐	☐

¿QUÉ HICE HOY PARA "MANTENER EL RITMO"?

____

____

____

ENERGÍA EN LA MESA: UN ALIMENTO QUE ME DIO EL *SPRINT*

____

UN ALIMENTO, UN PLATILLO, UNA COMIDA QUE ME DIO EL BAJÓN

____

DORMÍ DE LAS ______ A LAS ______ Y CUANDO DESPERTÉ ME SENTÍ:

____

DURANTE EL DÍA ME SENTÍ SOMNOLIENTO SÍ NO

ME ECHÉ UN SUEÑITO SÍ NO

HOY PASÉ ______ HORAS EN LA SILLA O EN EL SOFÁ

HOY HICE ESTOS EJERCICIOS

PARA CUIDAR DE MÍ HICE...

Y ME SENTÍ:

LA COSA O PERSONA QUE MÁS ENERGÍA ME DIO HOY

LA COSA O PERSONA QUE MÁS ENERGÍA ME QUITÓ HOY

UN PEQUEÑO BUEN HÁBITO QUE APRENDÍ ESTE DÍA

MIS PROPÓSITOS PARA MAÑANA

ESTE ES UN DÍA PARA

- ☐ RECORDAR
- ☐ OLVIDAR

BALANCE DE MI DÍA

FECHA ______________________

LU ☐ MA ☐ MI ☐ JU ☐ VI ☐ SÁ ☐ DO ☐

¿CÓMO ME SIENTO ESTA NOCHE?

SATISFACCIÓN

	0	1	2	3	4	5	6	7	8	9	10
marca del 1 al 10	☐	☐	☐	☐	☐	☐	☐	☐	☐	☐	☐

CANSANCIO

	0	1	2	3	4	5	6	7	8	9	10
marca del 1 al 10	☐	☐	☐	☐	☐	☐	☐	☐	☐	☐	☐

¿QUÉ HICE HOY PARA "MANTENER EL RITMO"?

____

____

____

ENERGÍA EN LA MESA: UN ALIMENTO QUE ME DIO EL *SPRINT*

____

UN ALIMENTO, UN PLATILLO, UNA COMIDA QUE ME DIO EL BAJÓN

____

DORMÍ DE LAS ________ A LAS ________ Y CUANDO DESPERTÉ ME SENTÍ:

____

DURANTE EL DÍA ME SENTÍ SOMNOLIENTO SÍ NO

ME ECHÉ UN SUEÑITO SÍ NO

HOY PASÉ ______ HORAS EN LA SILLA O EN EL SOFÁ

HOY HICE ESTOS EJERCICIOS

PARA CUIDAR DE MÍ HICE...

Y ME SENTÍ:

LA COSA O PERSONA QUE MÁS ENERGÍA ME DIO HOY

LA COSA O PERSONA QUE MÁS ENERGÍA ME QUITÓ HOY

UN PEQUEÑO BUEN HÁBITO QUE APRENDÍ ESTE DÍA

MIS PROPÓSITOS PARA MAÑANA

ESTE ES UN DÍA PARA

- ☐ RECORDAR
- ☐ OLVIDAR

BALANCE DE MI DÍA

FECHA ____________________

LU ☐ MA ☐ MI ☐ JU ☐ VI ☐ SÁ ☐ DO ☐

¿CÓMO ME SIENTO ESTA NOCHE?

SATISFACCIÓN

	0	1	2	3	4	5	6	7	8	9	10
marca del 1 al 10	☐	☐	☐	☐	☐	☐	☐	☐	☐	☐	☐

CANSANCIO

	0	1	2	3	4	5	6	7	8	9	10
marca del 1 al 10	☐	☐	☐	☐	☐	☐	☐	☐	☐	☐	☐

¿QUÉ HICE HOY PARA "MANTENER EL RITMO"?

____

____

____

ENERGÍA EN LA MESA: UN ALIMENTO QUE ME DIO EL *SPRINT*

____

UN ALIMENTO, UN PLATILLO, UNA COMIDA QUE ME DIO EL BAJÓN

____

DORMÍ DE LAS ______ A LAS ______ Y CUANDO DESPERTÉ ME SENTÍ:

____

DURANTE EL DÍA ME SENTÍ SOMNOLIENTO SÍ NO

ME ECHÉ UN SUEÑITO SÍ NO

HOY PASÉ ______ HORAS EN LA SILLA O EN EL SOFÁ

HOY HICE ESTOS EJERCICIOS

PARA CUIDAR DE MÍ HICE...

Y ME SENTÍ:

LA COSA O PERSONA QUE MÁS ENERGÍA ME DIO HOY

LA COSA O PERSONA QUE MÁS ENERGÍA ME QUITÓ HOY

UN PEQUEÑO BUEN HÁBITO QUE APRENDÍ ESTE DÍA

MIS PROPÓSITOS PARA MAÑANA

ESTE ES UN DÍA PARA

☐ RECORDAR

☐ OLVIDAR

BALANCE DE MI DÍA

FECHA ____________________

LU ☐ MA ☐ MI ☐ JU ☐ VI ☐ SÁ ☐ DO ☐

¿CÓMO ME SIENTO ESTA NOCHE?

SATISFACCIÓN

	0	1	2	3	4	5	6	7	8	9	10
marca del 1 al 10	☐	☐	☐	☐	☐	☐	☐	☐	☐	☐	☐

CANSANCIO

	0	1	2	3	4	5	6	7	8	9	10
marca del 1 al 10	☐	☐	☐	☐	☐	☐	☐	☐	☐	☐	☐

¿QUÉ HICE HOY PARA "MANTENER EL RITMO"?

____

____

____

ENERGÍA EN LA MESA: UN ALIMENTO QUE ME DIO EL *SPRINT*

____

UN ALIMENTO, UN PLATILLO, UNA COMIDA QUE ME DIO EL BAJÓN

____

DORMÍ DE LAS ________ A LAS ________ Y CUANDO DESPERTÉ ME SENTÍ:

____

DURANTE EL DÍA ME SENTÍ SOMNOLIENTO SÍ NO

ME ECHÉ UN SUEÑITO SÍ NO

HOY PASÉ ______ HORAS EN LA SILLA O EN EL SOFÁ

HOY HICE ESTOS EJERCICIOS

PARA CUIDAR DE MÍ HICE...

Y ME SENTÍ:

LA COSA O PERSONA QUE MÁS ENERGÍA ME DIO HOY

LA COSA O PERSONA QUE MÁS ENERGÍA ME QUITÓ HOY

UN PEQUEÑO BUEN HÁBITO QUE APRENDÍ ESTE DÍA

MIS PROPÓSITOS PARA MAÑANA

ESTE ES UN DÍA PARA

- ☐ RECORDAR
- ☐ OLVIDAR

BALANCE DE MI DÍA

FECHA ____________

LU MA MI JU VI SÁ DO
☐ ☐ ☐ ☐ ☐ ☐ ☐

¿CÓMO ME SIENTO ESTA NOCHE?

SATISFACCIÓN

	0	1	2	3	4	5	6	7	8	9	10
marca del 1 al 10	☐	☐	☐	☐	☐	☐	☐	☐	☐	☐	☐

CANSANCIO

	0	1	2	3	4	5	6	7	8	9	10
marca del 1 al 10	☐	☐	☐	☐	☐	☐	☐	☐	☐	☐	☐

¿QUÉ HICE HOY PARA "MANTENER EL RITMO"?

____

____

____

ENERGÍA EN LA MESA: UN ALIMENTO QUE ME DIO EL *SPRINT*

____

UN ALIMENTO, UN PLATILLO, UNA COMIDA QUE ME DIO EL BAJÓN

____

DORMÍ DE LAS ______ A LAS ______ Y CUANDO DESPERTÉ ME SENTÍ:

____

DURANTE EL DÍA ME SENTÍ SOMNOLIENTO SÍ NO

ME ECHÉ UN SUEÑITO. SÍ NO

HOY PASÉ ______ HORAS EN LA SILLA O EN EL SOFÁ

HOY HICE ESTOS EJERCICIOS

PARA CUIDAR DE MÍ HICE...

Y ME SENTÍ:

LA COSA O PERSONA QUE MÁS ENERGÍA ME DIO HOY

LA COSA O PERSONA QUE MÁS ENERGÍA ME QUITÓ HOY

UN PEQUEÑO BUEN HÁBITO QUE APRENDÍ ESTE DÍA

MIS PROPÓSITOS PARA MAÑANA

ESTE ES UN DÍA PARA

- ■ RECORDAR
- ■ OLVIDAR

PASO 5

mete el turbo

ENCUENTRA EL RITMO CORRECTO

Mantener el ritmo adecuado para conservar la energía intacta no es solo cuestión de seguir el ciclo luz/oscuridad o de complacer al reloj biológico como un búho o una alondra. Los pequeños rituales diarios que te permiten "marcar tu ritmo diario" pueden ayudarte, y también pueden incidir en el mejoramiento del bienestar mental, creando hábitos que te reconforten y te acompañen día tras día.

Por su propia naturaleza, seguir una rutina es relajante e incluso podemos recuperar energía a partir de los gestos aparentemente más nimios, si estos nos producen placer. Ese es el secreto para encontrar los rituales adecuados para ti: **elige algo que te aporte serenidad** e intenta "tener una cita contigo" cada día para recuperar el aliento y dedicarte un pequeño momento. Aquí tienes algunas ideas que pueden servirte de inspiración, pensadas para encajar en tu día desde la mañana hasta la noche.

LA PAUSA PARA EL CAFÉ. A todos nos encanta, sirve para desconectar unos minutos, estirar las piernas, charlar un rato con los compañeros; ayuda a aliviar la fatiga, el nerviosismo y el aburrimiento en la oficina, y puede convertirse en un hábito agradable para marcar el ritmo del día. También puede convertirse en una "pausa de refuerzo", una pausa verdaderamente vigorizante, si en lugar de utilizarla para tomar un café (¡nada de aprovechar para fumar un cigarro!) se convierte en un momento saludable y eliges un jugo o un tentempié de fruta o verdura, como palitos de zanahoria o gajos de naranja.

LA SIESTA. No hacer nada también es un descanso saludable y energizante: si te gusta perderte en tus pensamientos o sientes la necesidad de echarte una siesta, convierte en "sagrado" el tiempo después de la comida y haz de la siesta una rutina. Puedes disfrutar de un sueñito o meditar en silencio, pensar o dedicar veinte minutos a escuchar tu música favorita. Tómate un momento *offline* cada día y te sentirás mejor después.

TÉ DE HIERBAS. Por la tarde, en lugar de tomar un tentempié hipercalórico, ¿por qué no bebes una infusión de plantas vigorizantes, como el ginseng? No esperes milagros "energizantes" inmediatos, pero sostener una taza humeante entre las manos y beberla a sorbos mientras te relajas unos minutos a media tarde puede convertirse en una agradable rutina que te dará el empujón necesario para afrontar la última parte del día de la mejor manera. En verano puedes elegir una tisana para disfrutarla fría, quizá con unos cubitos de hielo: te ayudará a hidratarte y será un momento de placer solo para ti.

LA LECTURA. Leer unas páginas de un buen libro por la noche antes de acostarte es la mejor opción, porque la lectura también es la forma ideal de acompañar la llegada del sueño. Sin embargo, si no eres un amante de la literatura, ¿por qué no dedicas unos minutos al día para leer algo que te guste y te interese? De la jardinería al arte contemporáneo, cada día puedes cultivar así tus pasiones, dedicándoles tiempo mientras te relajas; aprenderás algo nuevo casi sin darte cuenta y eso te dará satisfacción, quizá nuevas ideas y, sin duda, bienestar y energía.

UN DIARIO. Por la noche, intenta volver a ser adolescente y escribe algunas líneas sobre el día que acaba de pasar. Son unos minutos preciosos para hacer balance de cómo te sientes, poner en orden tus emociones, vivir mejor el presente y recuperar energías para el día de mañana. Una pequeña rutina de la que este planner de energía podría formar parte: utilízalo como diario energético para hacer un seguimiento de tus progresos y para tomarte un momento de reflexión solo para ti, será un descanso del que no querrás prescindir.

UN CONSEJO MÁS

Si no quieres escribir un diario, ten siempre en tu mesita de noche un cuaderno por si antes de dormir recuerdas algo que tienes que hacer al día siguiente o cualquier pensamiento que te resulte importante y puedas escribirlo. Escribir lo que cruza por la cabeza y no tenerlo que recordar nos ayuda a no desperdiciar energía y a tener la mente libre. El esfuerzo por conservar información es agotador, saber que la puedes recuperar en cualquier momento, porque la escribiste en papel, te dejará más energía de lo que te imaginas. Y sí, es mejor escribir en papel que hacerlo en el bloc de notas del celular... ¿recuerdas que por la noche la luz de la pantalla del celular puede interferir con tu descanso?

LA DIETA QUE DA EL *SPRINT*

Seguir una dieta “energética” no significa optar por una alimentación hipercalórica, al contrario: exagerar con alimentos industriales, ricos en grasas o superdulces engorda y, como hemos visto, cansa más.

Una “buena” energía procede de una dieta equilibrada y saludable, en la que no falten nutrientes esenciales, pero donde se mantengan bajo control las calorías.

El modelo ideal que tienes ante tus ojos es la famosa dieta mediterránea. Pero la verdadera, la tradicional, se ha empobrecido y nos ha llevado a abandonar los alimentos sencillos, pero más nobles que pertenecen a la tradición mediterránea. Hoy se ha difuminado un poco a causa del escaso tiempo disponible para preparar las comidas, lo que nos hace inclinarnos por los productos precocinados, pero también por las nuevas tendencias alimentarias (no siempre necesariamente saludables) y por la paradoja de la abundancia de alimentos, unida a la evolución de los hábitos y los estilos de vida. Ya es hora de redescubrirla si quieres tener mucha energía.

ELABORA UN PLATO ENERGÉTICO

La dieta mediterránea es naturalmente hipocalórica y equilibrada, y además no renuncia a nada, ni siquiera a los dulces: son una "recompensa" y pueden ayudar cuando te sientes realmente agotado y necesitas un empujón extra de comida reconfortante para levantarte. Esto es lo que tienes que poner sobre la mesa para seguir una verdadera dieta mediterránea y sentirte con más energía cada día:

FRUTA Y VERDURA. Están en la base de la pirámide de la dieta mediterránea y puedes superar las cinco raciones diarias recomendadas sin arriesgar nada, al contrario. Por supuesto, para mantener bajas las calorías, no puedes cocinar unas berenjenas fritas a la parmesana o comer un postre de piña en almíbar. Los alimentos deben consumirse lo más "silvestres" posible, es decir, tal y como los encontramos en la naturaleza, sin demasiados condimentos ni modificaciones industriales.

No se trata de comer las verduras crudas, sino de cocinarlas de forma sencilla y privilegiando siempre el aceite de oliva para aliñarlas. La fruta es el "dulce de la naturaleza" y, por tanto, es una excelente forma de librarte de los antojos de azúcar; además, se asocia a "anticuerpos naturales", como la fibra o las vitaminas, que pueden reducir de forma automática los efectos negativos del funcionamiento del metabolismo.

CEREALES AMIGOS. Una o dos raciones en las comidas principales de pan o pasta, arroz, espelta y similares son la mejor fuente de energía del organismo; por tanto, no se deben eliminar los hidratos de carbono, sino concéntralos en buena cantidad, de preferencia a primera hora del día, y consumirlos en forma de comida integral, ya que así se reduce el impacto sobre el metabolismo del azúcar y se aportan fibras útiles para el intestino, con lo que disminuye la absorción de glucosa y grasa. Todo esto en beneficio de la salud y de conservar un buen nivel de energía en todo momento, el cual se mantendrá constante a lo largo del día y hasta la noche.

PRODUCTOS LÁCTEOS CON PRUDENCIA. Se pueden consumir un par de raciones al día, eligiendo quizá productos bajos en grasa para ayudar a mantener a raya el recuento de calorías. El yogurt descremado está muy bien, pero debe ser blanco y sin azúcar añadido: yogurt de verdad, en definitiva, y si te gusta la fruta es mejor añadirla fresca, en trozos. En cuanto a los quesos, también puedes consumirlos en una dieta hipocalórica: basta con preferir los bajos en grasa, como el *ricotta* o el queso fresco, y prestar atención a las porciones (en el caso del grana y el parmesano, excelentes fuentes de calcio incluso para los intolerantes a la lactosa, lo importante es no exagerar).

SEMILLAS Y FRUTOS SECOS. Una vez al día está bien: pueden ser un tentempié ideal si no te dejas llevar. Son hiperenergéticos y, por ello, hay que controlarlos para no aumentar demasiado el número de calorías y no correr el riesgo de engordar, pero sobre todo son un tesoro de nutrientes preciosos, en primer lugar de grasas poliinsaturadas: basta con limitarse al clásico "puñado" y huir de las versiones saladas (no, los cacahuates de la botanita no son un tentempié saludable).

LEGUMBRES, PESCADO, HUEVOS Y CARNE BLANCA. Estas son las fuentes de proteínas nobles "aprobadas" en la dieta mediterránea, que deben alternarse en los menús de la semana; cada uno de estos alimentos aporta valiosos nutrientes y un bajo impacto calórico, si se favorecen métodos de cocción sencillos. El pollo frito no es exactamente un alimento básico de la dieta mediterránea, el pollo a la sartén con un poco de aceite y limón sí lo es; los huevos revueltos con mantequilla y leche no son un alimento cotidiano, los huevos cocidos pueden ser una excelente fuente de proteínas para una cena ligera.

CARNES ROJAS, EMBUTIDOS, DULCES. Estamos en la sección de *delicatessen:* los embutidos deben ser una excepción a la regla, la carne roja un placer que no debe permitirse más de una o dos veces por semana.

Los dulces son también una transgresión que se disfruta una o dos veces por semana: debemos relegarlos a una ocasión especial, quitando el ansia del sabor azucarado con lo que es naturalmente dulce, como la fruta.

EN PRÁCTICA

RECONOCER LOS ALIMENTOS CON BUENA ENERGÍA

Algunos alimentos pueden tener ventajas porque forman parte de la dieta mediterránea, son sanos y contienen los nutrientes más útiles para una buena dosis de energía. A continuación, te explicamos cuáles son y cómo puedes ponerlos en tu mesa para combatir el cansancio.

PARA LLENARTE DE MAGNESIO. Es un mineral importante para no sentirse cansado porque interviene en los procesos metabólicos de producción de energía; debes ingerir unos 300 miligramos diarios y si tienes una deficiencia, el cansancio es uno de los primeros síntomas. Para cubrir tus necesidades, come verduras de hoja verde (como col, espinacas, alcachofas), legumbres, pescado azul, crustáceos y moluscos, cereales integrales y frutos secos. También puedes encontrar magnesio en los higos, los duraznos y los plátanos.

ASÍ INTRODUCES LA VITAMINA DE LA ENERGÍA MENTAL. La vitamina B12 es esencial para tener una mente fresca y alerta, y para no sentirte fatigado cuando tienes que trabajar o estudiar. El requerimiento diario es de unos 2 miligramos y si no eres vegano, puedes cubrirlo sin problemas porque esta vitamina, que resiste la cocción, se encuentra en abundancia en alimentos de origen animal como la carne (conejo, pollo), el pescado (salmón, trucha, pescado azul, conocido como caballa o verdel), los huevos y los productos lácteos como el yogurt o la *mozzarella*.

EN PRÁCTICA

Si has eliminado todos los productos animales de tu dieta, puedes encontrarla en alimentos enriquecidos (a menudo cereales de desayuno o granola) o tomarla como suplemento, porque pocos alimentos vegetales la contienen y solo en cantidades insuficientes para cubrir las necesidades diarias (se encuentra en algunas algas, levadura de cerveza o derivados de la soja, por ejemplo).

AQUÍ ENCONTRARÁS EL HIERRO NECESARIO. Este mineral es esencial para el buen transporte de oxígeno a todo el organismo, ayuda a combatir la anemia y es importante para el correcto funcionamiento de los músculos. El hierro que se encuentra en los alimentos de origen animal se absorbe mejor; el de los vegetales tiene una absorción que se ve afectada por la presencia de otras sustancias que pueden inhibir o potenciar su asimilación. El hierro bien asimilado se encuentra, por ejemplo, en la carne de pavo, el pescado y la yema de huevo; los vegetales más ricos en él son las legumbres, las setas secas, los frutos secos, los cereales integrales y las verduras de hoja verde oscuro.

ENERGÍA DEL HIERRO, ¡CUIDADO CON LAS COMBINACIONES!

El hierro que contienen las verduras se absorbe mejor si al mismo tiempo se introduce vitamina C: la col, por ejemplo, es una buena opción porque contiene tanto hierro como vitamina C, por lo que la asimilación de ambos es mejor; lo mismo ocurre si combinas un alimento rico en hierro con otro rico en vitamina C, por ejemplo, utilizando limón como condimento o añadiendo jitomate a un plato de legumbres.

Por el contrario, evita consumir un alimento rico en hierro junto con un alimento que contenga mucho calcio (como los productos lácteos) o taninos (como el té o el café), ya que estas sustancias, por el contrario, hacen que el hierro de los vegetales sea menos asimilable.

Los fitatos también pueden reducir la absorción del mineral y se encuentran asociados a ciertos alimentos vegetales abundantes en hierro, como las legumbres y los cereales integrales.

He aquí algunos trucos para no "perder" hierro.

PARA SACAR LO MEJOR DEL CALCIO: no abuses de los productos lácteos, sobre todo, si consumes alimentos vegetales con hierro en tu comida.

PARA REDUCIR LOS EFECTOS DE LOS TANINOS: toma el café lejos de las comidas, añade limón al té o reduce el tiempo de infusión de las hojas.

PARA REDUCIR LOS FITATOS: remoja las legumbres en agua tibia y limón durante unas horas antes de cocinarlas.

SUEÑO Y RELAJACIÓN PARA RECUPERARSE

Dormir es esencial para no estar cansado, por lo que es importante ser consciente (y reconocer) cualquier cosa que pueda comprometer la duración y la calidad del sueño. **La amenaza más extendida y frecuente para tu descanso es el insomnio:** no debe preocuparte demasiado si ocurre de forma transitoria, es decir, si te duermes con dificultad o te despiertas muy pronto o varias veces sin poder volver a conciliar el sueño durante unas pocas noches. Sin embargo, puede convertirse en un problema grave si se vuelve crónico, es decir, si los síntomas de dificultad para dormir se presentan tres días a la semana durante al menos tres meses seguidos. Le ocurre a una de cada diez personas y le resta mucha energía, por eso es necesario reconocer y tratar el insomnio crónico: quien lo padece durante el día se siente agotado, no "funciona" bien y tiene la energía en niveles mínimos.

COMBATE EL INSOMNIO

El primer paso consiste en averiguar si padeces insomnio "real": prueba llevar un diario del sueño en el que anotes todos los días a qué hora te vas a dormir y te despiertas, posibles despertares nocturnos, etcétera. Te ayudará a llevar un registro de las dificultades para dormir y a comprender cómo y cuándo se producen, de modo que puedas hablar de ellas con tu médico.

Nunca intentes solucionar el insomnio con remedios caseros, ¡es peligroso! Si sospechas que tienes problemas de sueño, habla con tu médico: es esencial seguir una vía diagnóstica adecuada y es posible que necesites someterte a pruebas adicionales para evaluar las posibles causas de tus dificultades. Sobre todo, **no debes tomar iniciativas de tratamiento por tu cuenta** porque si tu trastorno requiere medicación es el médico quien debe prescribirla: los somníferos pueden tener muchos efectos secundarios y tomados sin supervisión pueden ser peligrosos, resultar inútiles o incluso agravar el problema. Los somníferos deben utilizarse en dosis bajas y durante el menor tiempo posible, ya que pueden crear dependencia y adicción, lo cual obligará a aumentar la dosis para obtener el mismo efecto y provocar insomnio de rebote si se interrumpen sin gradualidad. En resumen, no debes jugar con los somníferos, el insomnio debe ser tratado por un médico y las intervenciones no farmacológicas, como una buena higiene del sueño o la terapia cognitivo-conductual, suelen ser incluso más importantes para una mejoría sostenida.

SIN RESPIRACIÓN, NO HAY SUEÑO

Otra causa muy frecuente del sueño agitado e intranquilo, que luego hace que uno se sienta destrozado durante el día, es el **síndrome de apnea obstructiva del sueño**: se trata de un trastorno respiratorio por el que las vías respiratorias superiores "colapsan" y se obstruye el paso del aire durante el sueño. Cuando esto ocurre, se entra en apnea, el oxígeno no llega de manera adecuada a la sangre y a los tejidos, y se producen muchos microdespertares de los que no se es consciente, pero que impiden el verdadero descanso.

Si la obstrucción de las vías respiratorias es solo parcial, se producen los ronquidos; luego está la apnea propiamente dicha, que suele durar de 10 a 30 segundos y lleva a la persona a agitarse para reanudar la respiración. El cerebro se reactiva, alcanzando un estado de casi vigilia sin darse cuenta, para encontrar la forma de volver a respirar; cuando la respiración se reanuda, se da un profundo suspiro y poco después se reanudan los ronquidos.

La apnea, más frecuente en los hombres pero que también afecta a un gran número de mujeres después de la menopausia, depende a menudo de la presencia de algunos kilos de más: si no es muy grave, incluso perder un poco de peso puede solucionarla. En muchas personas, la apnea solo se experimenta cuando se duerme boca arriba: "obligarse" a dormir de lado puede ayudar (¡incluso una pelota metida en un bolsillo cosido en la espalda de la piyama sirve para mantener esa postura!). Sin embargo, es recomendable hablar con el médico para encontrar la solución más adecuada a tu situación.

CUIDADO CON ESTOS MEDICAMENTOS

El uso de determinados fármacos también puede comprometer un sueño reparador: ciertas sustancias activas para tratar las arritmias y los betabloqueadores prescritos para la hipertensión pueden inducir despertares nocturnos y pesadillas. Las estatinas para el colesterol alto se asocian a insomnio y a pesadillas, la teofilina para el asma puede ocasionar efectos parecidos a la cafeína y, por tanto, insomnio, al igual que los corticosteroides y muchos antidepresivos. Los descongestionantes, algunos fármacos para enfermedades tiroideas y los psicoestimulantes favorecen el insomnio, al igual que muchos analgésicos que contienen cafeína. Si no duermes bien y estás tomando medicación, habla con tu médico: él puede "ajustar" tu tratamiento para que duermas mejor y dejes de sentirte falto de energía porque no descansas lo suficiente o durante el tiempo adecuado.

CONTRA EL CANSANCIO: ¡MUÉVETE!

Si el gimnasio no es lo tuyo, si nadar o correr está descartado, pero hacer "solo" estiramientos no es suficiente para ti, puedes probar actividades "suaves" que incluso estudios científicos han demostrado que son eficaces para recuperar la energía y para que te sientas menos cansado: el yoga y el tai chi son dos ejemplos de buenas opciones si quieres probar disciplinas que te proporcionen bienestar físico y mental al mismo tiempo.

YOGA ENERGÉTICO

Existen innumerables variantes de yoga y la ciencia lo ha "respaldado" como una excelente estrategia para reducir la ansiedad y el estrés desde una edad temprana, porque es una disciplina esencialmente libre de riesgos y con muchas posibles repercusiones positivas.

El **yoga** también puede ser un aliado en el tratamiento del dolor musculoesquelético y afecciones como el asma o el colon irritable.

Además, el yoga ayuda a sentirse menos cansado porque determinadas posturas favorecen el aumento de energía, mejoran la apertura torácica y la respiración, facilitan la elasticidad y funcionalidad muscular, y ayudan a la reflexión y a la meditación para recuperar el bienestar y la calma mental.

Si aún no eres un experto, inscríbete a un curso para aprender las asanas más adecuadas para despertar la energía vital: algunas pueden ser mejores por la mañana, para activar los músculos o favorecer la captación de oxígeno y acumular así más energía para el día por venir.

Otras pueden ser más útiles por la noche para relajar tensiones y dejarse acompañar en un sueño reparador.

POR LA MAÑANA: la posición del gato (ver ilustración) es ideal para activar gentilmente los músculos de la columna vertebral como preparación para el día.

Inhala profundamente mientras arqueas la espalda hacia abajo, abriendo el pecho al máximo, y exhala mientras enderezas y luego arqueas la espalda formando una "joroba".

POR LA NOCHE: la posición del camello (ver ilustración) ayudará a un estiramiento completo y relajante.

EN CUALQUIER MOMENTO: la posición de la vela (ver ilustración) puede ayudar a devolver la energía al cerebro y recuperar la concentración.

ENERGÍA DEL ORIENTE

Otra técnica que viene de Oriente y que puede ser útil para recuperar energía y combatir la fatiga es el **tai chi:** este arte marcial milenario chino, también denominado "meditación en movimiento", integra mente y cuerpo con fines curativos.

La ciencia ha demostrado que practicar tai chi de forma constante no solo mejora el equilibrio general, tiene efectos beneficiosos sobre el metabolismo cerebral y la función respiratoria. El resultado es una mente más eficiente y activa y un metabolismo energético que puede beneficiarse enormemente de un mejor suministro de oxígeno.

El tai chi reduce el estrés, aumenta el bienestar físico y mental y da elasticidad y tono a los músculos; también puede practicarse en solitario, tras aprender la técnica, y lo ideal es hacerlo al aire libre, en la naturaleza tranquila de un jardín o un parque.

EN PRÁCTICA

UNA VENTAJA ADICIONAL

Tanto el yoga como el tai chi tienen la indudable ventaja de que los puedes practicar en cualquier momento del día. A diferencia de las sesiones de entrenamiento en el gimnasio o de la práctica de correr, estas son actividades "suaves" que no perjudican el sueño de quien las practica por la noche.

Funcionan muy bien por la mañana como despertador muscular energético si prefieres practicarlas en las primeras horas del día.

En especial el yoga lo puedes practicar en cualquier momento del día, aunque sea solo durante algunos minutos: si eliges una posición energizante, puedes adoptarla como medida "de emergencia" cuando te sientas cansado y falto de energía.

CUIDA DE TI

Cuando ponemos nuestros recursos a trabajar para cambiar algo, aumentamos la sensación de tener el control de nuestras vidas y esto, además de proporcionarnos una sensación inmediata de bienestar, nos llena de energía, nos vuelve más activos: **debemos comprometernos con algo que nos importa,** ¡no podemos dormirnos en los laureles!

Tenemos que recuperar toda nuestra energía para alcanzar nuestro objetivo y pasar a la acción para conseguirlo, y esto suele bastar para combatir cualquier fatiga.

En tu viaje con este planner de energía probablemente ya hayas cambiado muchos detalles más o menos relevantes de tu día, desechando viejos hábitos e inaugurando otros nuevos.

¿Por qué no intentas ahora también influir en algo fuera de ti y cambiar tu entorno? Cuidarse también significa crear un entorno antifatiga en casa y en la oficina. Los espacios en los que vives o trabajas pueden ayudarte en gran medida a afrontar el día con brío si no solo están "limpios" de posibles contaminantes chupadores de energía, sino que además están amueblados de la forma adecuada.

EL DESORDEN AGOTA

El orden, la belleza y la ausencia de caos en el entorno en el que vivimos o trabajamos se correlacionan con mejores respuestas cognitivas y emocionales: a nuestro cerebro no le gusta la desorganización porque agota sus recursos y, por ejemplo, **reduce la capacidad de concentración.**

Montones de papeles, tazas sucias, objetos dispuestos al azar sobre el escritorio distraen la mente, crean una especie de sobrecarga de información visual que también perjudica a la memoria de trabajo, por lo que la productividad y la claridad de pensamiento se resienten.

Lo mismo ocurre en casa: el desorden de la ropa esparcida por el dormitorio, los cachivaches desbordados de los libreros o los platos sucios en el fregadero crean un "desorden visual" muy estresante y, en consecuencia, agotador para la mente.

Esto no es cierto para todo el mundo, porque también hay personas que están menos influidas por el entorno externo para su rendimiento cognitivo, pero en la mayoría de los casos **el desorden drena energía.**

¿Tienes demasiado desorden y te resta mucha energía? Descúbrelo con el cuestionario de doce sencillas preguntas de la página siguiente.

PRUEBA del DESORDEN

¿ES CREATIVO O AGOTADOR?

1. ¿Vestirte a veces es complicado porque no ves todo lo que hay en tu clóset o porque encuentras prendas que ya no te puedes poner? Sí ☐ No ☐

2. ¿Te llevan tiempo algunas tareas rutinarias porque no encuentras lo que necesitas, como unas llaves, algún utensilio o un ingrediente para una receta? Sí ☐ No ☐

3. ¿Evitas hacer algo porque encontrar lo que necesitas exigiría mucho esfuerzo? Sí ☐ No ☐

4. ¿Hay lugares de la casa en los que no quieres pensar, porque hay cosas que no sabes cómo ordenar? Sí ☐ No ☐

5. ¿Hay zonas de la casa que te da vergüenza mostrar a un visitante debido al desorden? Sí ☐ No ☐

6. ¿Te sucede que de repente te encuentras con muchos utensilios o productos de limpieza, porque los compraste en otras ocasiones, pero no los encontrabas? Sí ☐ No ☐

7. **¿Alguna vez has soñado con ordenar una zona de tu casa, pero no sabes qué debes desechar?** Sí No

8. **¿Piensas que sería útil tener ayuda con la limpieza, pero hay tanta confusión como para que alguien se anime a escombrar y limpiar?** Sí No

9. **¿Los documentos bancarios, de seguros y similares son un caos y no los encuentras cuando los necesitas?** Sí No

10. **¿No cumples los plazos porque no encuentras los documentos necesarios?** Sí No

11. **¿No te da placer quedarte en casa o volver a casa por las tardes o los fines de semana?** Sí No

12. **¿Tienes que hacer a menudo “grandes limpiezas” en la cocina o en otros espacios porque, por ejemplo, llegan invitados y hace mucho que no ordenas?** Sí No

Si has respondido afirmativamente a más de dos preguntas, puede que tengas un problema de desorden excesivo.

EN PRÁCTICA

¡REORDENAR!

Lo llames reordenar o escombrar, intenta eliminar el caos de tu casa u oficina y de inmediato te sentirás menos agotado (después de descansar del duro trabajo, claro).

Reordenar te ayuda a concentrarte porque elimina el "ruido de fondo" que merma la capacidad de atención del cerebro: creemos que hacemos varias cosas a la vez, pero en realidad solo pasamos de una tarea a otra.

Así, si el telón de fondo de la oficina en casa es un fregadero lleno de platos o una lavadora repleta de ropa que hay que doblar, nuestra mente sabe que tiene que ocuparse de ello tarde o temprano y le resulta más difícil centrarse en otras tareas.

Si además padeces ansiedad y, por tanto, estás constantemente en un estado de hipervigilancia, los objetos extraviados pueden ser una fuente de malestar aún mayor, por lo que arreglar el desorden se convierte en un imperativo.

¿Cómo hacerlo?

EMPIEZA A ORDENAR UN MUEBLE O UNA SOLA HABITACIÓN: Si intentas arreglar toda la casa de una sola vez, corres el riesgo de cansarte demasiado y, sobre todo, de desmotivarte y abandonar, porque la tarea puede no ser fácil.

APRENDE A DESPRENDERTE: pregúntate si realmente necesitas cada cosa. A menudo los hogares se "atascan" porque no podemos separarnos de objetos que en realidad son inútiles, intenta hacer un honesto examen de conciencia y desecha sin remordimientos lo que ya no utilices.

COMPRAR MENOS: no acumular objetos es el primer paso para no sentirse abrumado por el desorden.

Cuando tengas delante un objeto, una prenda de ropa o cualquier otra cosa que vaya a acabar en tu casa u oficina, pregúntate si realmente lo necesitas y renuncia a la compra si sospechas que no es así.

COLOREA TU CASA

Los colores influyen considerablemente en nuestro estado de ánimo y también en qué tan enérgicos y vitales nos sentimos. Elegir los adecuados para las distintas estancias de la casa según el uso que les demos es una forma de dar un poco más de chispa al ambiente.

ROJO. Es el color energético por excelencia, puedes utilizarlo en las estancias de la casa donde quieras estar despierto y activo: la cocina, el comedor, la sala. También puede ir bien en la oficina o en el estudio, pero es un color que puede cansar si es demasiado intenso o abundante: si pintar una pared puede ser demasiado, prueba a "calentar" la habitación con algunos objetos de tonalidades rojas.

AMARILLO Y NARANJA. Son colores igual de enérgicos y para muchos son menos "intrusivos" y agresivos que el rojo, por lo que pueden ser una buena solución para los mismos ambientes en los que el rojo está indicado; un amarillo no demasiado brillante también es bueno en una habitación infantil, porque es un color vivificante y vital (pero si tus hijos son unos diablillos, ¡elige un tono tranquilizador!).

VERDE Y AZUL. Son colores meditativos y calmantes, que ayudan a la serenidad y la concentración: por eso son buenos en los dormitorios, incluso de los más pequeños cuando hay que contener su vitalidad, o en el cuarto de baño, para crear una estancia donde recuperar la energía mediante el autocuidado y la relajación.

LADRONES DE ENERGÍA

La fatiga, o astenia como la llaman los médicos, es uno de los síntomas más frecuentes cuando no nos encontramos bien debido a cualquier enfermedad: hasta un simple resfriado nos resta energía y lo mismo ocurre con la mayoría de las enfermedades, tanto graves como menos críticas. En algunos casos, sin embargo, la fatiga es uno de los principales síntomas y está siempre presente: no se trata, en definitiva, de un cansancio que se pasa al cabo de unos días o de un malestar al que puedas dar una explicación sencilla, por ejemplo, porque estamos fatigados físicamente o porque tenemos gripe. En estos casos es bueno hablar con el médico y averiguar si subyace alguna enfermedad que tenga como síntoma principal el cansancio. Estas son algunas de las más frecuentes.

ANEMIA. Si el conteo de glóbulos rojos disminuye, los tejidos y órganos no recibirán oxígeno en cantidad suficiente. En consecuencia, funcionarán peor y se agotarán pronto; la sensación general de fatiga es, por tanto, uno de los síntomas típicos de la anemia, incluso en grado leve.

DEPRESIÓN. Es una patología compleja que tiene muchas causas y en la que se produce un desequilibrio de las moléculas que transmiten señales entre células cerebrales. El resultado es un deterioro del estado de ánimo, con apatía y pérdida de interés por las actividades habituales. La fatiga es un síntoma típico y muy común de la depresión.

DIABETES. Normalmente, el exceso de azúcar en sangre no es evidente, pero cuando está fuera de control pueden aparecer síntomas como somnolencia y debilidad muscular. Ocurre sobre todo en la diabetes tipo 1, en la que el organismo deja de producir insulina, la hormona que regula la utilización de la glucosa: el cansancio generalizado y prolongado (junto con la sed, el aumento del apetito y la necesidad de ir con frecuencia al baño a orinar) es uno de los síntomas típicos.

HIPOTIROIDISMO. Si la glándula tiroides funciona mal, produce pocas hormonas tiroideas y el metabolismo se ralentiza, al igual que todas las funciones del cuerpo; los síntomas se van presentando uno a uno, pero el cansancio es un signo común, porque es como si todo el cuerpo se ralentizara y no tuviera suficiente energía para operar al máximo.

SÍNTOMAS QUE NO DEBEN CONFUNDIRSE CON UN "SIMPLE CANSANCIO"

Existen otros signos de agotamiento que pueden confundirse con la fatiga real y que, por tanto, deben ser evaluados, ya que pueden orientar el diagnóstico hacia problemas distintos de los que acabamos de describir.

DEBILIDAD MUSCULAR. Si la característica predominante del cansancio es una falta (objetiva) de fuerza en los músculos, puede deberse a un problema del sistema nervioso o muscular; en estos casos, la debilidad empeora con la actividad física.

FALTA DE ALIENTO. Los pacientes con insuficiencia cardiaca o trastornos pulmonares a menudo se quedan sin aliento y pueden pensar que se trata de fatiga, pero no es una astenia "real", sino una disnea derivada del problema cardiopulmonar y que se percibe sobre todo al moverse; los que padecen una enfermedad cardiopulmonar no se sienten cansados en reposo.

SOMNOLENCIA. Si el cansancio se manifiesta principalmente como somnolencia profunda, por ejemplo, si uno se queda dormido durante el día, el diagnóstico más probable es un trastorno del sueño en el que hay una reducción de la calidad o la cantidad del descanso.

SEÑALES DE ALARMA

El cansancio es un síntoma frecuente, que también puede aparecer en el caso de enfermedades de cierta gravedad: por eso no hay que subestimar ciertas señales de alarma que, si están presentes, deben ser motivo de visita a un médico para realizar estudios más profundos.

Estas son las "señales de alarma" que, junto con la fatiga no resuelta, indican la posible necesidad de exámenes médicos más exhaustivos:

- Pérdida de peso sustancial, no asociada a una dieta voluntaria para adelgazar
- Fiebre que no cede
- Debilidad y dolor muscular
- Aumento del tamaño de los ganglios linfáticos

- Dolores de cabeza, alteraciones de la vista
- Otros síntomas graves o multiorgánicos, como erupciones cutáneas y dificultad respiratoria.

VAMPIROS ENERGÉTICOS

EL JUEZ

El vampiro-juez, como muchos otros vampiros, también tiene baja autoestima: la forma en que trata a los demás, poniéndolos siempre contra la pared y juzgándolos desde su alto asiento, no es más que un reflejo de cómo se trata a sí mismo. "Chupa" tu energía porque siempre te hace sentir bajo escrutinio, y perpetuamente incómodo.

CÓMO RECONOCER AL VAMPIRO-JUEZ. No tiene una verdadera buena autoestima, pero es muy bueno encontrando las debilidades e inseguridades de los demás; obtiene alivio y alimenta su ego haciendo que los demás se sientan pequeños, patéticos e insignificantes, manipulando sus debilidades. Los que juzgan y solo ven los defectos de los demás son reconocibles porque suelen ser desconfiados, pesimistas, hipercríticos y poco tolerantes con los que son diferentes; los sentenciosos no ven medias tintas, ni toleran las incertidumbres.

CÓMO DEFENDERSE DEL VAMPIRO-JUEZ. Recuerda siempre que la verdadera autoestima debe venir de dentro de ti mismo: no escuches los juicios de un vampiro-juez, no dejes que sus críticas te derriben, aunque te golpeen fuerte, porque es él o ella quien sufre por dentro, quien necesita realizarse descargando su descontento en ti. No te pongas a la defensiva, es peor y perderás. Mantén el equilibrio en la relación e intenta ser dulce y servicial, porque esto confundirá mucho al vampiro-juez y puede hacer que desista de atacarte.

CANSANCIO. ¿QUÉ DICE LA CIENCIA?

En algunos casos, la fatiga es una verdadera enfermedad: es el caso del síndrome de fatiga crónica, cuya característica principal es una sensación de agotamiento y cansancio constante, que no puede explicarse por causas evidentes y que persiste sin cambios a pesar del descanso. Quienes lo padecen se sienten extenuados de la mañana a la noche: el problema es más común en las mujeres y la probabilidad de padecerlo aumenta entre los 40 y los 50 años. Por desgracia, ocurre que otros piensan que se trata de una "simulación", que el cansancio sin motivo aparente no es una enfermedad verdadera. En realidad, quien sufre del **síndrome de fatiga crónica** presenta síntomas reales, severos y a menudo incapacitantes (se calcula que en torno a 0.5% de la población presentan este trastorno).

Además de la fatiga persistente, que dura al menos seis meses y se manifiesta desde el momento de despertarse, y empeora con el esfuerzo y durante los periodos de estrés, el síndrome provoca síntomas como dificultad para dormir, dolores articulares y musculares, depresión. Se desconocen las causas del síndrome, que suele comenzar de forma repentina, a veces tras otra enfermedad o un periodo de gran estrés; el diagnóstico también se hace por exclusión, sometiéndose a pruebas para reconocer las numerosas enfermedades que tienen la fatiga como síntoma y evaluando si la astenia puede depender del uso de fármacos específicos. Los criterios para el diagnóstico del síndrome de fatiga crónica, una vez excluidas otras posibles causas, son:

- Imposibilidad de mantener las actividades habituales debido a una fatiga profunda, que no pasa con el reposo, no depende de un esfuerzo continuo y se prolonga por lo menos durante seis meses.
- La fatiga empeora con el ejercicio.
- El sueño no es reparador.
- Dificultades cognitivas o mareos, aturdimiento al estar de pie, pero que pasa al recostarse.

No existen fármacos específicos para tratar el síndrome de fatiga crónica: el médico suele recetar medicamentos para aliviar las dolencias relacionadas, desde el insomnio hasta la depresión, a menudo en combinación con terapia cognitivo-conductual y una reanudación gradual de la actividad física con ejercicios aeróbicos como caminar, nadar, correr o montar en bicicleta. Por desgracia, el síndrome suele tardar meses o años en resolverse y no es infrecuente que algunos síntomas persistan incluso más tiempo.

¿SERÁ FIBROMIALGIA?

Otra afección que, al igual que con el síndrome de fatiga crónica, se ha luchado para que sea aceptada como una enfermedad real y no vista como un trastorno imaginario es la fibromialgia. En este caso, el síntoma cardinal es el dolor difuso, sordo y constante, que se agudiza cuando se ejerce presión sobre puntos concretos del cuerpo; sin embargo, la fatiga y una sensación de profundo agotamiento, que no desaparece, son rasgos muy comunes en quienes la padecen.

La fibromialgia también se diagnostica por exclusión, pero es importante la prueba de los llamados "puntos sensibles" o "*tender points*". Hay 18, en distintas partes del cuerpo, y cuando se presionan, el dolor empeora.

Si el dolor es generalizado y persistente durante un mínimo de tres meses, y al menos once de los dieciocho puntos sensibles son "positivos", puede diagnosticarse fibromialgia.

Una vez más, no existe un antídoto para tratarla, sino un enfoque que utiliza analgésicos y, sobre todo, una intervención terapéutica en el estilo de vida dirigida a mejorar también la gestión del estrés.

FATIGUE

Este término, que no es más que la palabra inglesa para la astenia, se refiere a un tipo particular de fatiga, la que acompaña al cáncer y que padece, antes o después, todo paciente oncológico.

Se trata de un agotamiento físico extremo, que interfiere en las actividades cotidianas haciéndolas imposibles de realizar y que no desvanece con el reposo. Se calcula que, tarde o temprano, 65% de los enfermos de cáncer lo padecen, incluso durante meses, y en uno de cada tres de ellos los síntomas persisten incluso durante años tras finalizar el tratamiento. El paciente se siente agotado: a veces ocurre justo desde el momento del diagnóstico, en otros casos sucede más tarde, y si hay que someterse a quimioterapia o radioterapia la probabilidad es aún mayor. Depende, no solo de los cambios inducidos por la enfermedad en el organismo, que, por ejemplo, pueden provocar anemia o un metabolismo menos capaz de producir energía, sino también por las alteraciones relacionadas con el tratamiento, las dificultades para comer debido a las náuseas y los vómitos, el dolor y el sufrimiento emocional, todo lo cual agota el cuerpo y la mente.

La fatigue puede combatirse con la práctica de ejercicios adecuados, la ingesta de medicamentos ideales para la recuperación de energía, el mejoramiento de la fuerza física y muscular, el aumento del bienestar mental y la reducción de los efectos secundarios del tratamiento.

Por supuesto, son los médicos los que indican los programas de actividad más adecuados para este tipo de pacientes, y también siempre son ellos los que pueden recetar, de ser necesario, suplementos u otros fármacos que puedan ayudar a contrarrestar el agotamiento extremo.

EL REFORZADOR ESPECIAL

Un cerebro lleno de energía es un cerebro bien entrenado, capaz de un excelente rendimiento cognitivo, que puede mejorar: **dar un empujón a la mente es posible** no solo a una edad muy temprana, sino a lo largo de toda la vida, y a menudo también es agradable.

Aprender a tocar un instrumento, pero también el mero hecho de escuchar buena música, por ejemplo, ayuda a la mente a funcionar a pleno rendimiento; dedicarse al estudio de un nuevo idioma mejora el rendimiento cerebral, incluso aprender a utilizar una nueva herramienta tecnológica es una inyección de energía mental porque cada vez que nos medimos con algo nuevo tenemos que "reestructurar" nuestros esquemas cognitivos y ser capaces de pensar de otra manera, entrenando así la mente para que sea flexible y ágil.

Aprender algo estimulante y diferente fomenta nuevas conexiones entre las neuronas y es un mecanismo que está presente mientras estamos vivos y que siempre hay que cultivar, pero es mejor dedicarse a actividades que no sean repetitivas.

Los crucigramas, que muchos consideran un excelente ejercicio mental, son en realidad una práctica pasiva en la que nos limitamos a recuperar nociones que ya tenemos en la memoria: es mejor salir con los amigos, visitar museos, **crear oportunidades para aprender**

algo nuevo y que nos guste, todos esos son métodos eficaces y, sobre todo, agradables para mantener nuestro cerebro en forma durante el mayor tiempo posible. Es gracias a estas actividades que se cansará menos y será capaz de rendir mejor.

Sin embargo, al igual que en nuestro cuerpo tenemos muchos músculos diferentes, que hay que fortalecer mediante distintos entrenamientos, el cerebro posee diversas capacidades que hay que ejercitar: memoria, atención, concentración, lenguaje, lógica, creatividad, razonamiento, etcétera.

Cada una de ellas puede potenciarse con actividades específicas, pero recuerda que para estimular el cerebro necesitas algo que realmente lo active: los crucigramas y la lectura, por ejemplo, pueden ser prácticas pasivas si no activan la imaginación y no nos estimulan adecuadamente.

Para que la lectura sea un buen ejercicio mental debes detenerte después de leer unas páginas y volver a pensar en los acontecimientos que los personajes han vivido. De este modo, recordarás activamente las emociones que te han transmitido; solo así la lectura se convierte en una verdadera herramienta para entrenar la memoria y la atención.

UN EJERCICIO DIARIO. Repite a tres distintas personas una noticia de la que te hayas enterado en el día: la primera vez el relato será ineficaz, la segunda será más claro y fluido, y a la tercera repetición descubrirás que puedes relatar la historia de forma lineal y con todo lujo de detalles.

He aquí un método fácil y asequible para cualquier persona, que con un solo “ejercicio” ayuda a mejorar la concentración, las habilidades lingüísticas, la construcción del pensamiento y la memoria.

BALANCE DE MI DÍA

FECHA ______________________

LU	MA	MI	JU	VI	SÁ	DO
☐	☐	☐	☐	☐	☐	☐

¿CÓMO ME SIENTO ESTA NOCHE?

SATISFACCIÓN

	0	1	2	3	4	5	6	7	8	9	10
marca del 1 al 10	☐	☐	☐	☐	☐	☐	☐	☐	☐	☐	☐

CANSANCIO

	0	1	2	3	4	5	6	7	8	9	10
marca del 1 al 10	☐	☐	☐	☐	☐	☐	☐	☐	☐	☐	☐

¿QUÉ HICE HOY PARA "MANTENER EL RITMO"?

____

____

____

ENERGÍA EN LA MESA: UN ALIMENTO QUE ME DIO EL *SPRINT*

____

UN ALIMENTO, UN PLATILLO, UNA COMIDA QUE ME DIO EL BAJÓN

____

DORMÍ DE LAS ________ A LAS ________ Y CUANDO DESPERTÉ ME SENTÍ:

____

DURANTE EL DÍA ME SENTÍ SOMNOLIENTO SÍ NO

ME ECHÉ UN SUEÑITO SÍ NO

HOY PASÉ ______ HORAS EN LA SILLA O EN EL SOFÁ

HOY HICE ESTOS EJERCICIOS

PARA CUIDAR DE MÍ HICE...

Y ME SENTÍ:

LA COSA O PERSONA QUE MÁS ENERGÍA ME DIO HOY

LA COSA O PERSONA QUE MÁS ENERGÍA ME QUITÓ HOY

UN PEQUEÑO BUEN HÁBITO QUE APRENDÍ ESTE DÍA

MIS PROPÓSITOS PARA MAÑANA

ESTE ES UN DÍA PARA

- [ ] RECORDAR
- [ ] OLVIDAR

BALANCE DE MI DÍA

FECHA ______________

LU	MA	MI	JU	VI	SÁ	DO
☐	☐	☐	☐	☐	☐	☐

¿CÓMO ME SIENTO ESTA NOCHE?

SATISFACCIÓN

	0	1	2	3	4	5	6	7	8	9	10
marca del 1 al 10	☐	☐	☐	☐	☐	☐	☐	☐	☐	☐	☐

CANSANCIO

	0	1	2	3	4	5	6	7	8	9	10
marca del 1 al 10	☐	☐	☐	☐	☐	☐	☐	☐	☐	☐	☐

¿QUÉ HICE HOY PARA "MANTENER EL RITMO"?

____

____

____

ENERGÍA EN LA MESA: UN ALIMENTO QUE ME DIO EL *SPRINT*

____

UN ALIMENTO, UN PLATILLO, UNA COMIDA QUE ME DIO EL BAJÓN

____

DORMÍ DE LAS ________ A LAS ________ Y CUANDO DESPERTÉ ME SENTÍ:

____

DURANTE EL DÍA ME SENTÍ SOMNOLIENTO	SÍ	NO
ME ECHÉ UN SUEÑITO	SÍ	NO

HOY PASÉ ______ HORAS EN LA SILLA O EN EL SOFÁ

HOY HICE ESTOS EJERCICIOS

PARA CUIDAR DE MÍ HICE...

Y ME SENTÍ:

LA COSA O PERSONA QUE MÁS ENERGÍA ME DIO HOY

LA COSA O PERSONA QUE MÁS ENERGÍA ME QUITÓ HOY

UN PEQUEÑO BUEN HÁBITO QUE APRENDÍ ESTE DÍA

MIS PROPÓSITOS PARA MAÑANA

ESTE ES UN DÍA PARA

- [ ] RECORDAR
- [ ] OLVIDAR

BALANCE DE MI DÍA

FECHA ______________________

LU MA MI JU VI SÁ DO
☐ ☐ ☐ ☐ ☐ ☐ ☐

¿CÓMO ME SIENTO ESTA NOCHE?

SATISFACCIÓN

	0	1	2	3	4	5	6	7	8	9	10
marca del 1 al 10	☐	☐	☐	☐	☐	☐	☐	☐	☐	☐	☐

CANSANCIO

	0	1	2	3	4	5	6	7	8	9	10
marca del 1 al 10	☐	☐	☐	☐	☐	☐	☐	☐	☐	☐	☐

¿QUÉ HICE HOY PARA "MANTENER EL RITMO"?

____

____

____

ENERGÍA EN LA MESA: UN ALIMENTO QUE ME DIO EL *SPRINT*

____

UN ALIMENTO, UN PLATILLO, UNA COMIDA QUE ME DIO EL BAJÓN

____

DORMÍ DE LAS ________ A LAS ________ Y CUANDO DESPERTÉ ME SENTÍ:

____

DURANTE EL DÍA ME SENTÍ SOMNOLIENTO SÍ NO

ME ECHÉ UN SUEÑITO SÍ NO

HOY PASÉ ______ HORAS EN LA SILLA O EN EL SOFÁ

HOY HICE ESTOS EJERCICIOS

PARA CUIDAR DE MÍ HICE...

Y ME SENTÍ:

LA COSA O PERSONA QUE MÁS ENERGÍA ME DIO HOY

LA COSA O PERSONA QUE MÁS ENERGÍA ME QUITÓ HOY

UN PEQUEÑO BUEN HÁBITO QUE APRENDÍ ESTE DÍA

MIS PROPÓSITOS PARA MAÑANA

ESTE ES UN DÍA PARA

- ☐ RECORDAR
- ☐ OLVIDAR

BALANCE DE MI DÍA

FECHA ____________________

LU MA MI JU VI SÁ DO
☐ ☐ ☐ ☐ ☐ ☐ ☐

¿CÓMO ME SIENTO ESTA NOCHE?

SATISFACCIÓN

	0	1	2	3	4	5	6	7	8	9	10
marca del 1 al 10	☐	☐	☐	☐	☐	☐	☐	☐	☐	☐	☐

CANSANCIO

	0	1	2	3	4	5	6	7	8	9	10
marca del 1 al 10	☐	☐	☐	☐	☐	☐	☐	☐	☐	☐	☐

¿QUÉ HICE HOY PARA "MANTENER EL RITMO"?

____

____

____

ENERGÍA EN LA MESA: UN ALIMENTO QUE ME DIO EL *SPRINT*

____

UN ALIMENTO, UN PLATILLO, UNA COMIDA QUE ME DIO EL BAJÓN

____

DORMÍ DE LAS ________ A LAS ________ Y CUANDO DESPERTÉ ME SENTÍ:

____

DURANTE EL DÍA ME SENTÍ SOMNOLIENTO SÍ NO

ME ECHÉ UN SUEÑITO SÍ NO

HOY PASÉ ______ HORAS EN LA SILLA O EN EL SOFÁ

HOY HICE ESTOS EJERCICIOS

PARA CUIDAR DE MÍ HICE...

Y ME SENTÍ:

LA COSA O PERSONA QUE MÁS ENERGÍA ME DIO HOY

LA COSA O PERSONA QUE MÁS ENERGÍA ME QUITÓ HOY

UN PEQUEÑO BUEN HÁBITO QUE APRENDÍ ESTE DÍA

MIS PROPÓSITOS PARA MAÑANA

ESTE ES UN DÍA PARA

- ☐ RECORDAR
- ☐ OLVIDAR

BALANCE DE MI DÍA

FECHA ____________________

LU ☐ MA ☐ MI ☐ JU ☐ VI ☐ SÁ ☐ DO ☐

¿CÓMO ME SIENTO ESTA NOCHE?

SATISFACCIÓN

	0	1	2	3	4	5	6	7	8	9	10
marca del 1 al 10	☐	☐	☐	☐	☐	☐	☐	☐	☐	☐	☐

CANSANCIO

	0	1	2	3	4	5	6	7	8	9	10
marca del 1 al 10	☐	☐	☐	☐	☐	☐	☐	☐	☐	☐	☐

¿QUÉ HICE HOY PARA "MANTENER EL RITMO"?

____

____

____

ENERGÍA EN LA MESA: UN ALIMENTO QUE ME DIO EL *SPRINT*

____

UN ALIMENTO, UN PLATILLO, UNA COMIDA QUE ME DIO EL BAJÓN

____

DORMÍ DE LAS ________ A LAS ________ Y CUANDO DESPERTÉ ME SENTÍ:

____

DURANTE EL DÍA ME SENTÍ SOMNOLIENTO SÍ NO

ME ECHÉ UN SUEÑITO SÍ NO

HOY PASÉ ______ HORAS EN LA SILLA O EN EL SOFÁ

HOY HICE ESTOS EJERCICIOS

PARA CUIDAR DE MÍ HICE...

Y ME SENTÍ:

LA COSA O PERSONA QUE MÁS ENERGÍA ME DIO HOY

LA COSA O PERSONA QUE MÁS ENERGÍA ME QUITÓ HOY

UN PEQUEÑO BUEN HÁBITO QUE APRENDÍ ESTE DÍA

MIS PROPÓSITOS PARA MAÑANA

ESTE ES UN DÍA PARA
- ☐ RECORDAR
- ☐ OLVIDAR

BALANCE DE MI DÍA

FECHA ____________________

LU	MA	MI	JU	VI	SÁ	DO
☐	☐	☐	☐	☐	☐	☐

¿CÓMO ME SIENTO ESTA NOCHE?

SATISFACCIÓN

	0	1	2	3	4	5	6	7	8	9	10
marca del 1 al 10	☐	☐	☐	☐	☐	☐	☐	☐	☐	☐	☐

CANSANCIO

	0	1	2	3	4	5	6	7	8	9	10
marca del 1 al 10	☐	☐	☐	☐	☐	☐	☐	☐	☐	☐	☐

¿QUÉ HICE HOY PARA "MANTENER EL RITMO"?

____

____

____

ENERGÍA EN LA MESA: UN ALIMENTO QUE ME DIO EL *SPRINT*

____

UN ALIMENTO, UN PLATILLO, UNA COMIDA QUE ME DIO EL BAJÓN

____

DORMÍ DE LAS ________ A LAS ________ Y CUANDO DESPERTÉ ME SENTÍ:

____

DURANTE EL DÍA ME SENTÍ SOMNOLIENTO ☐ SÍ ☐ NO

ME ECHÉ UN SUEÑITO ☐ SÍ ☐ NO

HOY PASÉ ______ HORAS EN LA SILLA O EN EL SOFÁ

HOY HICE ESTOS EJERCICIOS

PARA CUIDAR DE MÍ HICE...

Y ME SENTÍ:

LA COSA O PERSONA QUE MÁS ENERGÍA ME DIO HOY

LA COSA O PERSONA QUE MÁS ENERGÍA ME QUITÓ HOY

UN PEQUEÑO BUEN HÁBITO QUE APRENDÍ ESTE DÍA

MIS PROPÓSITOS PARA MAÑANA

ESTE ES UN DÍA PARA

- ☐ RECORDAR
- ☐ OLVIDAR

BALANCE DE MI DÍA

FECHA ____________________

LU MA MI JU VI SÁ DO
☐ ☐ ☐ ☐ ☐ ☐ ☐

¿CÓMO ME SIENTO ESTA NOCHE?

SATISFACCIÓN

	0	1	2	3	4	5	6	7	8	9	10
marca del 1 al 10	☐	☐	☐	☐	☐	☐	☐	☐	☐	☐	☐

CANSANCIO

	0	1	2	3	4	5	6	7	8	9	10
marca del 1 al 10	☐	☐	☐	☐	☐	☐	☐	☐	☐	☐	☐

¿QUÉ HICE HOY PARA "MANTENER EL RITMO"?

____

____

____

ENERGÍA EN LA MESA: UN ALIMENTO QUE ME DIO EL *SPRINT*

____

UN ALIMENTO, UN PLATILLO, UNA COMIDA QUE ME DIO EL BAJÓN

____

DORMÍ DE LAS ________ A LAS ________ Y CUANDO DESPERTÉ ME SENTÍ:

____

DURANTE EL DÍA ME SENTÍ SOMNOLIENTO SÍ NO

ME ECHÉ UN SUEÑITO SÍ NO

HOY PASÉ ______ HORAS EN LA SILLA O EN EL SOFÁ

HOY HICE ESTOS EJERCICIOS

PARA CUIDAR DE MÍ HICE...

Y ME SENTÍ:

LA COSA O PERSONA QUE MÁS ENERGÍA ME DIO HOY

LA COSA O PERSONA QUE MÁS ENERGÍA ME QUITÓ HOY

UN PEQUEÑO BUEN HÁBITO QUE APRENDÍ ESTE DÍA

MIS PROPÓSITOS PARA MAÑANA

ESTE ES UN DÍA PARA

- ☐ RECORDAR
- ☐ OLVIDAR

¿ALGO HA CAMBIADO?

Estar lleno de energía sienta bien: el mundo parece estar a tus pies, nada parece imposible, cuerpo y mente parecen correr a toda velocidad.

Muchos, **demasiados de nosotros hemos olvidado lo que se siente,** y quizá tú también, cuando empezaste a hojear este planner, formabas parte de la legión de los que viven cansados que arrastran sus días agobiados por compromisos y ritmos de vida cada vez menos compatibles con los de nuestro cuerpo.

Ahora, cinco semanas después, quizá algo haya cambiado.

Gracias a tu planner, aprendiste en primer lugar qué es la fatiga, en sus múltiples caras: descubriste, por ejemplo, que puede ser causada por innumerables motivos, desde personas tóxicas hasta trastornos del sueño, desde enfermedades furtivas hasta una alimentación deficiente. Pero también has aprendido que a veces lo que crees que puede cansarte en realidad te da energía extra, como el ejercicio: **hay un cansancio "bueno"**, que te ayuda a descansar de la mejor manera para recargar las pilas de verdad y que tienes que atesorar si no quieres encontrarte exhausto.

Probablemente habrás descubierto que los “chupadores de energía” son muchos, están por todas partes y a veces donde menos los esperas, pero también que pequeños hábitos fáciles de poner en práctica pueden darte un empujoncito extra: no es difícil intentar ordenar solo tu escritorio o una habitación, no es difícil beber suficiente agua ayudándote con una botella llena de tu “dosis” diaria de líquidos necesarios para que tu cerebro funcione correctamente.

Sobre todo, en este largo viaje te habrás dado cuenta de cómo todo lo que en verdad puede ayudarte a recuperar la energía a menudo tiene poco que ver con las promesas milagrosas de tal o cual superalimento, con el espejismo del suplemento que te dará al instante la fuerza de un león, con los métodos más inverosímiles, pero hiperrápidos que intentan convencerte de que no cansarse nunca es cosa de un par de sencillos pasos.

No, no funciona así: **necesitas perseverancia**, necesitas compromiso para que tu estilo de vida sea más sano, energético, antifatigante en general. Desde dormir bien hasta una dieta equilibrada, desde la actividad física hasta la atención al bienestar mental, en la base de todas las indicaciones que has encontrado en este planner hay estudios científicos, investigaciones serias, encuestas que demuestran, antes que cualquier otro dato, que no existen los atajos indoloros e instantáneos para recuperar la energía y lo importante que es no dejarse llevar por las prisas de las soluciones fáciles, que a menudo pueden ser incluso arriesgadas.

Lo mismo vale para las dietas de adelgazamiento, pero también para las reglas antifatiga.

Porque **una vida llena de energía no es otra cosa que una vida con salud plena**. Un objetivo que se consigue paso a paso, día a día, cambiando los hábitos que no funcionan y consolidando los que nos hacen sentir bien.

Esta es la principal lección de tu planner: comprométete con el día a día, siempre, para que tus jornadas estén dedicadas a la salud y el bienestar. Por supuesto que habrá debilidades, pero lo importante es retomar el camino porque de lo que se trata no es solo de **poder vivir sin el cansancio del "agotado viviente",** sino de tener una vida saludable y pacífica.

El camino puede haberte parecido largo, algunos consejos pueden haber sido complicados de poner en práctica, pero ahora seguro que conoces mejor tu organismo, lo que puede hacerle bien y lo que lo amenaza.

Sigue poniendo en práctica las reglas que has aprendido en estas cinco semanas y, cuando vuelvas a sentirte decaído, regresa a estas páginas para redescubrir algún pequeño detalle que hayas pasado por alto y que pueda darte nueva energía. Porque muchos remedios antifatigantes son, al fin y al cabo, hábitos y actividades placenteras, pero también porque no hay nada más importante que cuidarse a uno mismo y a su bienestar.

Mi planner de energía de Elena Meli
se terminó de imprimir en septiembre de 2023
en los talleres de
Impresora Tauro, S.A. de C.V.
Av. Año de Juárez 343, col. Granjas San Antonio,
Ciudad de México